기독교문서선교회(Christian Literature Center: 약칭 CLC)는 1941년 영국 콜체스터에서 켄 아담스에 의해 시작되었으며 국제 본부는 미국 필라델피아에 있습니다. 국제 CLC는 59개 나라에서 180개의 본부를 두고, 약 650여 명의 선교사들이 이동도서차량 40대를 이용하여 문서 보급에 힘쓰고 있으며 이메일 주문을 통해 130여 국으로 책을 공급하고 있습니다. 한국 CLC는 청교도적 복음주의 신학과 신앙서적을 출판하는 문서선교기관으로서, 한 영혼이라도 구원되길 소망하면서 주님이 오시는 그날까지 최선을 다할 것입니다.

추천사 1

이병철, 이름 석 자를 기억한다면 꼭 읽어야 할 책

김 선 배 박사
한국침례신학대학교 총장

한 세대가 훌쩍 지났지만 호암 이병철을 이야기하는 것은 여전히 훈훈하다. 그를 회자하는 것은 추수 때의 가을 들녘처럼 풍요로움을 주기도 한다. 더욱이 그가 하나님에 대한 화두를 남겼다니 신학자로서 감회가 더 따사롭고 그 질문에 대답해야 할 의무감도 아울러 느낀다.

마침 황의찬 목사가 나섰다. 반갑게 읽어 내려갔다.

질문에 대답하면서 저자는 세상이 미처 헤아리지 못했던 이병철 회장의 마음고생을 바라보고, 그가 겪은 고난의 심연까지 따라가며 쓰다듬고 있다. 자기 피조물의 머리카락까지 헤아리는 창조주 하나님의 어루만짐을 작가로서 대신하여 보듬고 있다. 저자는 이병철 회장의 인생 여정에 밀착하여 그가 남긴 질문 하나하나에 하나님이 어떻게 대답하실지 상정하고 이야기를 풀어낸다.

작가의 치열한 기도가 글발 한 땀 한 땀으로 꿰어져 놀랍고 경이롭다.

이 책은 절대자를 갈구하는 한국 경제의 거목 호암 이병철의 잠재된 내면을 놀랍도록 진솔하게 드러내고 있다. 이 회장은 조국 산업화에 주춧돌을 놓았지만, 누구도 그가 들어야 마땅한 대답을 들려주지 못한 아쉬움이 있다. 그런 면에서 그가 하나님에 관한 24가지 질문을 남겼다는 것은 어쩌면 필연이며, 전지하고 전능한 하나님의 섭리로 보인다.

그가 이 질문을 남겼기에 하나님을 예배하지 않는 이들도 하나님을 바라보게 될 것이다. 이 질문에 대한 대답의 다양성은 세상이 이병철을 기억하는 한 계속되겠지만, 이 책의 대답 이상으로 하나님 앞에 선 이병철을 대변할 수는 없을 것이다. 이병철이 직면한 하나님을 이 책 이상으로 서술해 내기도 쉽지 않을 것이다. 그래서 이 책이 이병철이라는 이름과 함께 명저로 오래 남기를 기대한다.

이병철 이름 석 자를 기억하는 이라면 이 책을 꼭 읽어 보도록 추천한다. 아직 하나님을 알지 못해도 읽어야 할 책이며, 더욱이 신학생과 목회자, 기독교인이 두루 읽어야 할 책이다. 삼위일체 하나님을 예배하고 신앙하는 자들이 읽다 보면 자기의 신앙을 돌아보게 될 것이며, 아직 하나님을 모르는 이들에게 하나님을 전할 길도 보인다.

아직 신을 부인하고 하나님을 예배하지 않더라도 이 책을 손에 들면 이 세상을 읽어 낼 수 있을 것이다. 두루 읽히도록 이렇게 책을 펴낸 황의찬 목사의 수고에 아낌없는 박수를 보낸다.

하나님에 관한 24가지 질문

삼성 창업가
이병철의 하나님

God of Byung Chul Lee, Founder of Samsung
Written by EuiChan Hwang
All rights reserved.
Korean Edition Copyright ⓒ 2021 by Christian Literature Center, Seoul, Korea.

삼성 창업가
이병철의 하나님

2021년 5월 2일 초판 발행
2021년 10월 29일 초판 3쇄 발행

지 은 이	ǀ	황의찬
편 집	ǀ	박경순
디 자 인	ǀ	박성숙
펴 낸 곳	ǀ	(사)기독교문서선교회
등 록	ǀ	제16-25호(1980.1.18.)
주 소	ǀ	서울특별시 서초구 방배로 68
전 화	ǀ	02-586-8761~3(본사) 031-942-8761(영업부)
팩 스	ǀ	02-523-0131(본사) 031-942-8763(영업부)
이 메 일	ǀ	clckor@gmail.com
홈페이지	ǀ	www.clcbook.com
송금계좌	ǀ	기업은행 073-000308-04-020 (사)기독교문서선교회
일련번호	ǀ	2021-45

ISBN 978-89-341-2258-6 (03230)

이 책의 저작권은 저자와 (사)기독교문서선교회가 소유합니다. 신저작권법에 의하여 한국 내에서 보호받는 저작물이므로 무단 전재와 무단 복제를 금합니다.

하나님에 관한 24가지 질문

삼성 창업가
이병철의 하나님

황의찬 지음

CLC

차례

추천사 1 김 선 배 박사(한국침례신학대학교 총장)   1

저자 서문   10

제1문   14
신(하느님)의 존재를 어떻게 증명할 수 있나?
신은 왜 자신의 존재를 똑똑히 드러내 보이지 않는가?

제2문   22
신은 우주 만물의 창조주라는데 무엇으로 증명할 수 있는가?

제3문   34
생물학자들은 인간도 오랜 진화 과정의 산물이라고 하는데,
신의 인간 창조와 어떻게 다른가?
인간이나 생물도 진화의 산물이 아닌가?

제4문   48
언젠가 생명의 합성, 무병장수의 시대도 가능할 것 같다.
이처럼 과학이 끝없이 발달하면 신의 존재도 부인되는 것이 아닌가?

제5문   58
신은 인간을 사랑했다면, 왜 고통과 불행과 죽음을 주었는가?

제6문   68
신은 왜 악인을 만들었는가? (예: 히틀러나 스탈린, 또는 갖가지 흉악범들)

*God of Byung Chul Lee,
Founder of Samsung*

제7문 78
예수는 우리의 죄를 대신 속죄하기 위해 죽었다는데,
우리의 죄란 무엇인가? 왜 우리로 하여금 죄를 짓게 내버려 두었는가?

제8문 90
성경은 어떻게 만들어졌는가?
그것이 하느님의 말씀이라는 것을 어떻게 증명할 수 있나?

제9문 102
종교란 무엇인가? 왜 인간에게 필요한가?

제10문 110
영혼이란 무엇인가?

제11문 120
종교의 종류와 특징은 무엇인가?

제12문 130
천주교를 믿지 않고는 천국에 갈 수 없는가? 무종교인, 무신론자,
타종교인 중에도 착한 사람이 많은데, 이들은 죽어서 어디로 가는가?

제13문 138
종교의 목적은 모두 착하게 사는 것인데, 왜 천주교만 제일이고,
다른 종교는 이단시하나?

차례

제14문   146
인간이 죽은 후에 영혼은 죽지 않고, 천국이나 지옥으로 간다는 것을
어떻게 믿을 수 있나?

제15문   154
신앙이 없어도 부귀를 누리고, 악인 중에도 부귀와 안락을 누리는
사람이 많은데, 신의 교훈은 무엇인가?

제16문   164
성경에 부자가 천국에 가는 것을 약대가 바늘구멍에 들어가는 것에
비유했는데, 부자는 악인이란 말인가?

제17문   172
이태리 같은 나라는 국민의 99%가 천주교도인데, 사회 혼란과 범죄가
왜 그리 많으며, 세계의 모범국이 되지 못하는가?

제18문   180
신앙인은 때때로 광인처럼 되는데, 공산당원이 공산주의에
미치는 것과 어떻게 다른가?

제19문   190
천주교와 공산주의는 상극이라고 하는데, 천주교도가 많은 나라들이
왜 공산국이 되었나?(예 : 폴랜드 등 동구제국, 니카라구아 등)

God of Byung Chul Lee, Founder of Samsung

제20문   200
우리나라는 두 집 건너 교회가 있고, 신자도 많은데 사회 범죄와 시련이 왜 그리 많은가?

제21문   208
로마 교황의 결정엔 잘못이 없다는데 그도 사람인데 어떻게 그런 독선이 가능한가?

제22문   216
신부는 어떤 사람인가? 왜 독신인가?
수녀는 어떤 사람인가? 왜 독신인가?

제23문   224
천주교의 어떤 단체는 기업주를 착취자로, 노동자를 착취당하는 자로 단정, 기업의 분열과 파괴를 조장하는데 자본주의 체제와 미덕을 부인하는 것인가?

제24문   234
지구의 종말은 오는가?

추천사 2 박 상 봉 목사 (서울 마포구 망원동 평강교회 담임)   244

저자 서문

호암 이병철은 서민으로서는 감히 범접하기조차 어려운 거리, 저 만치에 있었던 재벌그룹 회장이다. 국민 대다수는 그로부터 인간의 냄새를 맡기 어려웠다. 살아가면서 느끼는 희로애락을 스스럼없이 주고받을 수 있는 '이웃'은 아니었다. 그런 그가 하나님에 대해 깊은 관심을 가졌음이 사후에 알려졌다.

하나님에 관한 24가지 질문을 일목요연하게 적어서 가톨릭의 한 신부에게 전했다. 이 회장은 답변을 듣지 못하고 한 달여 만에 작고했다. 그해가 1987년이다. 이 질문지는 한동안 묻혀 있다가 이 회장 사후 25년이 지난 2012년에 가톨릭의 한 신부가 답변서를 책으로 펴내면서 세상에 널리 알려졌다.

이 회장이 하나님에 대한 질문을 교계에 전했다는 사실이 알려지자 어떤 목사는 일간지에 전면 광고로서 답변하기도 했고, 몇몇 사람이 답변서를 책으로 펴냈다. 그러나 지금까지 출판된 답변서는 질문 자체에 초점을 맞추어 대답하는 형식을 취했다.

이 책은 이병철 회장의 인격에 비추어 그가 왜 하나님을 찾을 수밖에 없었는지를 먼저 살핀다. 그리고 답을 찾아 나선다. 이병철 회장에게 하나님은 어떤 분인지 밝히면서 답변한다.

예수님은 우리를 인격적으로 만나 준다.

예수 그리스도를 인격적으로 만난 자가 진정한 크리스천이다.

우리가 예수 그리스도를 인격적으로 만난 것처럼, 우리도 이웃을 인격적으로 대해야 한다. 그래야 이웃이다.

이 회장의 질문이 세상에 알려지고 수 권의 답변서가 나왔지만, 이병철의 삶과는 무관하게 질문 자체만을 놓고 답변했다. 이미 그가 타계했기 때문일 수도 있지만 아쉽다. 이 책은 이 회장의 삶과 밀접하게 천착하면서 질문에 답한다.

답을 시도하는 황의찬은 이병철 회장보다 45년 늦게 태어났다. 두 사람은 32년간 한 하늘 아래 같은 나라에서 동시대를 살았지만 직접 대면은 없었다. 그러나 이 회장의 질문지를 사이에 두고서는 인격적인 대화가 가능하리라 믿고, 목회자로서 하나님에 관한 질문으로 찾아 준 내담자로 이 회장을 예우하며, 마음을 열고 그에게 더 많이 이야기할 기회를 주면서 하나님에 관한 이야기 한 마당을 전개한다.

이 회장은 삶과 인생을 이야기하고, 황의찬은 그의 삶과 인생 중에 섭리하시는 하나님을 드러낸다. 겉보기에 화려했던 이 회장의 내면도 들추어낸다. 그의 질문에 대답을 구하면서, 하나님은 우리의 삶을 통하여 계시하고 물으면 답하시는 분이라는 진리를 확인한다.

이 회장은 작고하기 10여 년 전에 위암을 앓았다. 10년 후에는 폐암이 도져 결국은 세상을 떴다. 이 회장의 질문에 답변서를 집필하는 중 17번째 질문까지 답을 하고 잠시 숨 고르기를 하다가, 저자는 전립선암 4기 진단을 받았다. 위로차 찾아온 이들과 담소하다가, '나는 이제 이 책을 쓸 자격을 갖췄다. 나도 암 환자다'라고 말하면서 파안대소했다.

　한국 경제사의 영웅 이병철 회장이 하나님에 관한 질문을 이 땅에 남겼다는 것이 감사하고, 그 질문에 대답할 수 있어서 행복하다. 이 행복을 독자와 함께 나누기를 간절히 기도한다. 저자의 말기 암 진단에 가장 가슴 아파하는 아내와 딸, 그리고 손주 유채 바울이도 행복하기를 간절히 기도한다.

　주변에서 저자를 위해 기도해 주시는 분들도 더불어!

영광은 오직 하나님께
2021년 봄날에

가슴 설렌다.
호암 이병철과 이야기를 할 수 있다니!
그와 점심은 같이할 수 없다.
이야기는 할 수 있다.
이야기가 있어 다행이다.

제1문

신(하느님)의 존재를 어떻게 증명할 수 있나?
신은 왜 자신의 존재를 똑똑히 드러내 보이지 않는가?

> 돌이켜 생각해 보면 무려 15년 만에 처음으로 보는 아버지의 따뜻한 미소였다. 나는 지금도 아버지의 그때 그 따뜻한 미소가 나를 용서하는 시그널이라고 믿고 있다.
> 긴 세월을 돌아서 아버지와 나는 그렇게 화해를 했다. 내가 용서를 빌고 아버지가 미소를 지으면서 그 모든 과정은 흘러가버린 것이다.
>
> 이맹희, 『묻어둔 이야기』, 336-7.

맹희는 아버지가 돌아가실 것 같다는 연락을 받고 부랴부랴 아버지 병실로 갔다. 병실에 누운 아버지는 말이 없었다. 장남이 온 것을 알았든지 병상에 누운 아버지 얼굴에 미소가 감돌았다. 15년 만에 마주한 아버지의 온화한 얼굴이, 펄펄 끓는 버너에 던져진 눈 뭉치 사라지듯 맏아들의 한을 녹여냈다. 그날 그 병실에서 아버지와 아들은 부자간의 진한 핏줄에 더 뜨거운 피가 흐름을 실감했다. 그리고 이 회장은 두 달 더 살았다.

장례식에 가 보면, 끝내 얼굴을 내밀지 않는 자식이 더러 있다. 얼마나 한이 맺혔으면 부모가 돌아가셨다는 소식을 듣고도 외면하는지 그 심정을 헤아려 보지만, 그런다고 부모가 자기를 낳은 사실이 거짓이나 없었던 일이 되지는 않는다.

어떤 아들이 아버지의 부음을 듣고도 가지 않겠다고 했다. 그때 그의 아들이 아버지에게 말했다. '할아버지 돌아가셨다는데 아버지 안 가시면, 나중에 아버지 돌아가셨을 때 저도 그렇게 하겠습니다.' 이 말들고 부랴부랴 장례식장에 갔다는 이야기도 있다.

맹희는 이리저리 살아가다 아버지가 위독하다는 말을 듣자마자 한달음에 달려갔다. 망설임이 없었다. 오히려 후회되었다. 아버지가 늘 있어 줄 줄 알았던 자신이 어리석었다는 회한이 밀려왔다. 좀 더 일찍 찾아뵙고 자신이 사죄했어야 옳았다는 깨달음이 엄습한다. 추상 같던 아버지의 위엄과 위업이 너무 커서 감히 나서지 못했는데 병상에 누운 아버지의 얼굴을 보니 아버지도 그냥 숱한 아버지 중의 한 아버지였다.

"아버지!"

> 나중에야 느낀 것이지만 정부와 삼성 사이에 여러 가지 유화적인 요소가 생기고 관계가 부드러워지자 아버지는 서서히 삼성의 경영자로 컴백 할 결심을 하고 있었던 듯하다. 그러나 나는 여전히 국내외로 쏘다니고 있었고 그런 일은 전혀 눈치도 채지 못하고 있었다.
>
> 내 첫 번째 잘못이 바로 이것이었다. 아버지가 복귀하고 싶어 하는데 나는 모든 것이 완전히 나에게 짐 지워진 줄로만 알았고 조금도 그 점에 대해서는 의심한 적이 없었다. 아버지로서는 당신이 돌아오고자 하는데 내가 자리를 차지하고 앉아서 비키지 않는 것으로 생각할 수도 있었다.
>
> 이맹희, 『묻어둔 이야기』, 256-7.

1967년 한국의 정계와 재계를 발칵 뒤집어 놓은 사건이 삼성의 오티사(OTSA) 밀수 사건이다. 삼성이 동양 최대의 비료 생산 공장 '한국비료'를 세우는 과정에서 사카린의 원료인 오티사를 일본에서 들여와 한국 시장에 내다 팔았다. 세간에서는 이를 '한비 사건', '사카린 밀수 사건'으로 불렀다.

밀수 사건은 법대로 처벌받고 끝내면 될 일이었지만 당시의 정치와 경제가 워낙 복잡하게 얽혀 있었기에, 이 회장은 사유 재산이 분명한 한국비료 공장을 국가에 내놓아야 했을 뿐 아니라, 기업 운영을 포함한 경제 활동도 중단해야 했다.

쉰일곱 살, 기업가로서 물이 오를 대로 올라 완숙미를 드러낼 때였다. 이 회장은 인생의 절정에서 피눈물을 삼키며 한국비료를 국가에 헌납하고 경영 일선에서 물러나면서, 그 자리에 장남 맹희를 앉혀 세상의 소동을 가라앉혔다. 하지만 이 회장 가슴속 격랑의 파고까지 가라앉히지는 못했다.

사람은 남의 일일수록 세월의 속도보다 더 빠르게 망각한다. 정계와 재계에서도 사건 실상에 비하면 이 회장이 치른 대가가 너무 혹독했다는 동정론도 고개를 들었다. 이 회장이 다시 경영 일선으로 복귀하기 알맞게 모든 조건이 무르익어 갔다. 그런데 걸림돌이 장남 맹희였다. 미욱하기만 한 아들은 아버지의 속내를 헤아려 줄 기미를 보이지 않았다.

이 회장은 자신의 속내를 맹희에게 어떻게 전달해야 할지 뾰족한 수를 찾지 못했다. 그렇다고 그룹의 총수 자리에 둘이 있을 수도 없다. 그 자리는 고독조차 둘로 나뉘지 않는다. 둘 중 하나는 초야에 묻혀야 한다. 아버지는 그 자리에 복귀할 준비가 완료되었지만, 맹희는 하산할 명분도, 안전하게 하산할 루트도 개척하지 못했다.

아버지의 강한 애착에 끝내 아들은 밀려나야 했다.

잠시 대그룹 총수의 자리를 향유하다가 창졸간에 추락한 맹희는 제 갈 길을 못 찾고 버벅거렸다. 이 모습조차 아버지 눈에는 어리석고 미욱하게 보였다.

이 회장 주변으로 실세가 누구인지 촉으로 직감하는 이들이 부나비처럼 다시 결집했다. 이들은 혹시 모를 아들의 반란 여지를 뿌리부터 뭉개 놓아야 한다고 주청했다. 그들에게 맹희는 회장의 맏아들이 아니라 경영권을 노리고 반역할지도 모르는 부도덕한 그루터기였다. 부자 사이에 조그만 틈이라도 보이면 그들은 여지없이 쐐기를 박았다. 그 아픔은 고스란히 맹희에게 돌아갔다.

둘 사이에 건널 수 없는 강이 격하게 소용돌이쳤다.

급기야 이 회장은 맹희를 붙잡아서 정신병원에 입원시키라고 호통하는 지경에 이르고 말았다. 맹희는 아버지가 그렇게 명령했다는 것을 전해 듣고 잠적의 길을 택한다. 그러다 15년이 번쩍 흘렀다. 누가 이 아버지를 탓하고, 누가 이 아들을 나무랄 수 있으랴.

아버지의 애가 더 탔을지 아들의 원망이 더 컸을지 가늠할 수 있겠냐마는, 이 경우 부모의 애간장이 온전할 리 없다. 사랑은 내리사랑이다. 자식은 부모에게 효도를 포기하면 되지만, 부모는 자식의 고난을 차마 똑바로 바라보지 못한다.

잠행하는 아들을 생각하며 밥이나 먹고 다니는지, 딴생각이나 하지 않는지, 노심초사하면서 시도 때도 없이 속 깊은 곳에서 불끈불끈 솟아나는 '맹희는 도대체 어디로 떠돌기에 안 보이느냐'는 드러내지 못한 울화가 '신은 왜 자신의 존재를 똑똑히 드러내 보이지 않는가'라는 씨알 굵은 절규가 되었다.

하나님이 안 보이는 이유는 사람의 육안으로는 볼 수 없도록 하나님이 스스로를 숨겼기 때문이다. 왜 숨었냐고 묻는 이들에게 하나님은 대답한다.

> 드러내려 하지 않고는 숨긴 것이 없고 나타내려 하지 않고는 감추인 것이 없느니라(신약성경 마가복음 4:22).

'드러내기 위하여', '나타내기 위하여' 하나님은 숨었다고 선포한다.

영으로 있는 하나님은, 육신으로 있는 사람에게 숨긴 분, 감추인 분이다.

하나님이 숨었어도 사람이 살아 있는 동안에는, 하나님을 알고 예배할 수 있을 만큼은 하나님이 보인다.

사람도 감추고 숨기기를 즐겨 한다.

육신으로 살다 죽으면 시신을 묻는다. 저마다의 관습이나 위생 등의 이유 때문이지만 성경적으로는 장차 하나님 앞에 드러내고 나타내기 위한 숨김이다. 사람이 죽어 영이 되면 하나님의 계시가 완전해진다. 어렴풋이 드러나던 하나님이 완전히 드러난다.

하나님이 드러내고 나타내기 위하여 감추었듯이 사람도 그렇게 한다. 사람이 숨기고 감추는 모든 행위는 나중에 드러내고 나타내기 위해서다.

아내 몰래 감춘 비상금은 언젠가 멋지게 쓰기 위해서다. 아내가 시어머니로부터 물려받은 가보를 감추는 것은 장차 며느리에게 드러내어 대물림하기 위해서다. 옷을 입어 몸을 감추는 것은 첫날밤 배우자에게 멋지게 드러내기 위해서다.

드러낼 때가 아닌데 드러내면 죄다.

마땅하지 않은 이에게 드러내도 죄다.

하나님이 감춘 것을 사람이 억지로 드러내면 그것 또한 죄다.

하나님은 사람을 지으면서 피부 밑으로 피(血)를 감추었다. 그 피를 타인이 억지로 드러내면 죄다. 구약성경에서 '피를 보았다'는 레토릭은 살인을 의미한다.

이 회장이 맏아들 꼴 보기 싫다고 정신병원에 입원시키라고 한 것은 맏아들을 감추는 일이다. 맹희가 아버지로부터 15년 동안이나 피해 다닌 것도 자기를 숨기고 감춘 행위다. 부자간에 숨기고 감추었는데, 성경은 드러내고 나타내려는 목적이 있다고 갈파한다.

아들은 아버지의 병실에 자기를 드러냈다.

아버지는 자식에게 감추었던 온화한 미소를 나타냈다.

이 회장이 평소 하나님에 대한 궁금증을 드러내지 않았지만, 생애 말에 이르러 드러내고 있다. 하나님에 관한 24가지 질문이 뜻하는 바다.

하나님은 자기를 계시하여 믿음에 이르게 하고,
사람은 믿음의 분량만큼 하나님을 본다.
하나님의 존재는 믿으면 증명되고,
안 믿으면 증명되지 않는다.
믿으면 온 세상이 하나님의 존재를 증명하지만,
안 믿으면 온 세상이 하나님의 존재를 부정한다.

제2문

신은 우주 만물의 창조주라는데
무엇으로 증명할 수 있는가?

> 오랫동안 이병철을 지켜보면서 그의 고통, 아픔, 사업에 대한 열정을 누구보다 많이 알게 된 나는 언젠가 왜 그렇게 열심히 사업을 일으키는 것인지 물어보았다. 그는 조용히 대답했다.
> "나 자신도 잘 모르겠지만 창조적 충동에 의한 것이라고 해야 할 듯싶네요."
> 그는 사업을 일으키는 동기에는 돈이나 명예를 초월한 것도 있다고 말했다. 세상과 사람들에게 도움이 되는 일을 남보다 한 발이라도 앞서 해 보겠다는 의욕일지도 모른다.
> 야마쟈키 가쓰히코, 『크게 보고 멀리 보라』, 247.

이 회장에게는 평생 가깝게 지낸 일본인 기자가 있었다. 「일본경제신문」 한국 특파원으로 서울에 주재하면서 1970년경 이 회장을 인터뷰한 '야마쟈키 가쓰히코'다. 첫 인터뷰 후 그는 이 회장이 작고하기까지 이 회장 전담 기자로 활동하면서 이 회장과 인간적 교제를 나눴다. 『크게 보고 멀리 보라』는 책은 이 회장 탄생 100주년에 맞춰 가쓰히코가 2010년에 일본에서 발간했다.

이 회장의 자서전 『호암자전』 뒷부분 연보에 나온 그의 행적을 보면, 그는 생전에 45개의 기업 혹은 기관을 설립했다. 그리고 31개의 회사 혹은 기관을 인수했다. 가히 초인적이다. 이렇게 창립하고 인수한 회사들을 30여 개의 계열사로 정리하여 그의 말년에는 15만 명에 달하는 사원을 거느리고 있었다. 이 회장의 '창조적 충동'이 맺은 열매이다.

창조에는 두 가지가 있다. 기존에 있는 것을 사용하여 새로운 형태의 것으로 만들어 내는 유에서 유의 창조가 있고, 재료도 없고 형태도 전혀 없는 상태에서 전적으로 창안해 내는 무에서 유의 창조가 있다. 사람의 창조는 유에서 유의 창조로서 그 이전에 원형이 있다는 뜻이다. 그러니 맨 처음 무에서 유의 창조를 시작한 존재는 분명히 있어야 한다.

매사에 맨 처음 즉, 원조를 규명하겠다고 역으로 추적해 들어가다 보면, 인간의 한계에 부딪힌다. 만일 누군가가 시원을 밝혔다고 주장하더라도 이내 반론이 튀어나온다. 원조를 찾고자 하는 논란은 끝이 없다. 결국에는 신만이 안다면서 두 손을 내려놓을 수밖에 없다.

모든 것의 맨 처음은 '신의 영역'으로 귀착한다. 우주 만물의 시작을 밝히는 일도 유사하다. 인류는 우주 만물의 발원도 신만이 알 수 있다고 말해 왔다. 이 말은 곧 우주 만물의 창조자는 신이라는 말과 동의어다.

신은 우주를 어떻게 만들었을까?

이 질문의 대답으로 '신의 창조적 충동'이 있다. 신이 창조적 충동에 따라 삼라만상을 창조하고 특히 사람을 지을 때는 하나님이 자기의 형상을 따라 지었으므로 사람에게도 창조적 충동이 있다. '인간의 창조적 충동'이다. 사람은 누구나 가만히 있기보다는 뭔가를 해야겠다는 생각을 한다.

> 이병철이 어렸을 때 서당에서 한자를 배우던 시절의 일이다. 어느 날 부친을 찾아온 유명한 관상가 '심생'이 그의 장래에 대해 이렇게 조언했다고 한다.
>
> "이 아이에게 학문 같은 건 시키지 않는 게 좋소. 다른 분야에서 이름을 크게 떨칠 날이 틀림없이 올 것이니 아이가 하고 싶어 하는 대로 내버려 두시오."
>
> 그런데 그가 와세다 대학을 중퇴하고 고향에 돌아와 스무 살이 넘도록 빈둥거리자 부친은 "심생의 관상도 참 믿을 수가 없군"이라며 불만을 터뜨렸다고 한다. 하지만 결과는 기막히게도 그 관상가의 말대로 되었다. 초등학교부터 대학까지 네 학교에 다녔지만, 졸업장은 한 장도 없는, 이른바 학력이 전무한 그가 나라를 위해 큰일을 해낸 것이다.
>
> 야마자키 가쓰히코, 『크게 보고 멀리 보라』, 248.

이 회장은 열한 살이 되기까지 집에서 서당을 다니다가 진주에 있는 지수보통학교 3학년에 편입하였다. 한 학기 다니고 방학이 되어 집에 왔는데 마침 서울에서 학교에 다니는 이웃의 형도 방학이 되어 고향에 왔다. 그가 하는 서울 자랑에 귀가 솔깃했다. 자신도 서울에서 학교에 다니고 싶은 충동이 일었다. 이병철은 부모에게 자기도 서울로 보내 달라고 했다.

아버지는 그 뜻을 들어준다.

서울의 수송보통학교로 전학시켜 주었다. 수송보통학교를 4년 다녔다. 아직 졸업하려면 몇 학기가 더 남았는데, 이번에는 중학교 속성과에 보내 달라고 졸랐다. 학업 성적이 뛰어나지도 않으면서 보통학교에서는 배울 것이 없다고 했다.

이 뜻도 아버지는 수락했다.

중동중학교 속성과에 편입시켰다. 1년 후 본과에 입학했다. 속성과 본과를 통틀어 4년을 다니더니 이번에는 일본 유학을 원했다. 졸업하기에는 아직 몇 학기가 더 남았다.

아버지는 이 뜻도 들어줬다. 이 회장의 나이 어언 스물이다. 이미 결혼하여 아내도 있었다. 이병철은 일본으로 건너가 와세다대학교 전문부 정경과에 입학했다. 입학 전에 장녀가 태어나고, 입학한 이듬해 장남 맹희가 태어났다.

와세다대학교 1학년을 마쳤는데 이병철은 각기병에 걸렸다. 중병은 아니지만, 학업을 계속하기에는 어려움이 있었다. 1년여 일본을 두루 다니면서 관광 겸 요양을 했지만, 건강을 회복하지 못하여 학업을 포기하고 귀국한다.

와세다대학교를 중도 포기하고 귀국한 이듬해, 이병철은 집안에서 거느리는 하인들을 면천하자고 아버지에게 건의했다. 아버지는 아들의 이 뜻도 받아들였다.

아들 병철은 각기병이 완치되기까지 빈둥빈둥 놀며 세월을 보냈다. 첫딸과 첫아들 맹희에 이어 둘째 아들 창희가 태어나고, 둘째 딸 숙희가 태어나 슬하에 넷이나 되는 자녀를 거느리게 되었는데도 이 회장은 노름방을 출입하면서 세월을 보내고 있었다.

그렇게 4년을 빈둥거리다가 해 보겠다고 나선 것이 사업이다. 마산에서 정미소를 창업했다. 이 회장이 사업 인생의 첫발을 떼었다. 세 사람이 합작하여 정미소를 짓고 돈벌이를 시작했는데, 이때부터 이 회장의 삶을 이끈 것이 '창조적 충동'이다.

그의 창조적 충동에는 브레이크가 없었다.

부모의 유산으로 경제 사정은 넉넉했다. 부모님은 물론 이 회장의 아내도 남편 하는 일에 일절 간섭하지 않았다. 이 회장의 자녀들도 아버지가 하는 일에 숨소리를 낮추면서 따랐다. 이러한 이 회장의 리더십은 가난한 조국이라는 척박한 토양에서 근대화, 산업화로 꽃을 피워 나갔다. 스스로 돌아봐도 믿기지 않을 만큼 성공 가도로 거침없이 내달았다.

"신은 우주 만물의 창조주라는데 무엇으로 증명할 수 있는가?"

우주 만물의 창조주가 하나님이라는 것을 확인해 주면 자신도 기독교인이 되겠다는 심정에서 물었을 수 있고, 상대방이 어떻게 대답하는지 들어 보고 반박하고 싶어서 물었을 수도 있다. 또 한편 자신이 기독교인이 되든 안 되든 진실을 알고 싶었는지도 모른다.

이 회장이 작고하던 해 1987년 8월에 미국의 격주간 종합경제지 「포춘」(Fortune)은 직전 해인 1986년도 매출 기준 세계 500대 기업을 선정했는데, 삼성이 21위에 랭크되었다. 물론 이 통계에는 미국이

제외되었지만, 미국을 포함하더라도 놀라운 업적이다.

이 보도를 접하면서 이 회장은 어떤 생각을 했을까?

'나 이병철이 바로 그 삼성의 창업주라는데 무엇으로 증명할 수 있는가?'

자기가 한 것이 분명한 것 같지만, 그것이 객관화되어 자기 눈앞에 모습을 드러내고 보니 한 개인으로서 감당하기 어려울 만치 거창하고 위대한 업적이었다. 그 업적이 오롯이 자기만의 것이거니 생각하다가도 이내 의심이 들었다.

돌아보면 영욕의 세월이었다.

영예도 크지만, 치욕도 컸다. 가만히 있었더라면 중간은 갔을 테지만, 최고인가 했는데 밑바닥이었고, 가장 초라했지만 가장 화려하기도 했다.

자기 손길이 닿은 곳이 세계 곳곳이었다. 자기 숨소리가 밤하늘 달에 닿았고 별에 닿았다. 그러나 감당할 수 없는 돈은 내 돈이 아니듯, 감당이 안 되는 감동도 내 것이 아니다.

이 회장은 벅찬 감동을 움켜쥘 때마다 그 감동이 모래알처럼 자기의 손가락 사이로 빠져나가는 것이 못마땅했다. 남들은 자기 손아귀에 다 있다고 말해 주지만 정작 자신의 두 손을 보면 아무것도 없었다. 아무리 많이 움켜쥐어 봤자 한 움큼을 넘지 못한다.

이 회장은 손아귀에 있는 것뿐 아니라 '이 모든 것이 다 너의 것'

이라는 말을 간절히 듣고 싶었다.

누가 말해 주어야 이 업적과 감동이 오롯이 자기 것이 될 것인가?

「포춘」은 14일마다 발행되는 잡지다. 포춘의 보도로 인한 감동은 보름에 못 미친다. 이제 얼마 남지 않은 여생, 숨이 멎기 전에 누군가로부터 한 치의 의심 없이 믿어지는 말을 듣고 싶었다.

이 회장뿐 아니라 모든 이들은 '절대자'를 필요로 한다. 누구도 변경하거나 부정할 수 없는 절대자, 그로부터 자기의 존재를 인정받을 때 비로소 사람은 화평에 안착한다.

이 회장도 자기 업적을 절대자로부터 인정받고자 하는 자신을 발견한다. 그때부터 이 회장에게 절대자는 절실해졌다. 절실한 만큼 신의 절대성을 확인할 필요가 있다. 사업에서 간과할 수 없는 것이 거래 상대방의 확실성이다.

> 내가 짐작하기로 아마 아버지는 돌아가시기 전에 당신의 자식들 호적에 관한 문제는 '말끔히 정리하고 떠나고 싶어 했던 것' 같다. 그 이외에는 별다른 설명이 불가능하다고 지금도 믿고 있다.
>
> 어쨌든 태휘와 혜자는 아버지가 세상을 떠나기 몇 해 전에 우리 호적에 이름을 올렸고 그걸 계기로 많은 사람이 구라다 상과 태휘, 혜자의 존재에 대해서 알기 시작했다.
>
> 이맹희, 『묻어둔 이야기』, 65.

이병철 회장에게는 혼외 자녀가 있었다. 그중 일본인 여성 '구라다' 씨와의 사이에는 남매를 두었다. 이 회장은 이들 남매를 호적에 올렸다.

이 회장 세대에 소실을 두는 것은 흠이 아니었다. 중요한 것은 소실에게서 태어난 자녀에게도 아버지가 되어 주는가이다. 이 회장은 혼외 자녀에게 의당해야 할 것을 했다.

아버지는 자기와 닮은 자식을 낳는다. 외모뿐 아니라 성질도 닮은 자식을 낳는다. 안팎으로 닮은 것을 보고 그의 뿌리를 가늠할 수 있도록 한다. 하나님도 아버지로서 자기가 만든 피조물 속에 자기의 속성을 심어 둔다.

세상에 있는 사물의 모양과 현상 중에는 하나님의 존재를 증명하기에 적합한 것이 대단히 많다. 그것을 '유비'라 한다. 유비란 둘 사이에 대응적으로 존재하는 동일성이다. 창조주 하나님과 그의 피조물인 삼라만상을 비롯하여 인간이 살아가는 세상의 속성 사이에는 대응적으로 존재하는 동일성이 많다.

부모의 형상이 자식에게 있음을 보고 틀림없는 자식, 틀림없는 부모로 확증할 수 있듯이 세상이 돌아가는 양태와 행습에서 하나님의 형상을 확인할 수 있다.

"유비를 통해 하나님이 우주 만물의 창조주임이 증명된다."

하나님에 관한 담론이 시작되면, 가장 먼저 하나님은 왜 안 보이냐는 질문이 튀어나온다. 성경에서 하나님은 사람의 눈에 보이지 않고, 한 분이면서, 없는 곳이 없다고 기술한다. 없는 곳이 없다는 말을 무소부재(無所不在)라 한다.

보이지 않고, 유일하며, 무소부재하다니, 그게 어떻게 가능하냐는 항변은 이유가 충분하다.

무소부재가 하나님의 속성이라면 어딘가에 유비가 있지 않겠는가?

보이지 않으면서 실재하는 것은 꽤 많다. 정신적, 사상적 개념이 그러하다.

민주주의 공산주의 이념은 보이지 않지만 실재한다.

믿음, 소망, 사랑은 물론 미움, 시기, 질투 등도 모두 추상적 개념으로서 보이지 않지만 없다고 부인하지 못한다. 안 보이지만 우리가 피부로 느낄 수 있는 것도 많다. 대표적으로 냄새를 비롯하여 습기가 있다. 공기도 있다. 사람은 공기로 호흡한다.

공기는 바람을 일으킨다. 바람은 우리의 피부를 간지럽히기도 하고, 우리를 쓰러뜨리기도 한다. 센바람은 태풍이 되어 휘몰아친다. 태풍에 쓰러지는 간판은 볼 수 있지만 정작 쓰러뜨린 바람은 보이지 않는다. 그렇다고 바람이 없다고 말하지 못한다.

보이지 않으면서 세상 어느 곳에나 있는 것은 공기다. 지구의 대기권 안에서 공기는 무소부재하다. 공기는 또한 전 세계적으로 하나의 덩어리로 존재한다. 태평양이나 대서양이 공기를 둘로 나누지 못하고, 히말라야산맥도 공기를 떼어 놓지 못한다.

공기는 하나이면서 전 세계 어느 곳에나 다 있고, 하나로 존재하는 사물이다. 공기는 하나님의 무소부재를 증거한다.

공기의 무소부재에 비하여 하나님의 무소부재는 지구의 대기권뿐 아니라 전 우주적이다.

이병철 회장이 창조적 충동으로 설립한 많은 회사 안에 이병철 회장이 존재한다. '삼성에 가면 이병철 회장이 있다'고 말한다. 이 회장의 사후에도 이 말은 크게 변하지 않는다. 삼성에 이 회장이 있듯이, 이 세상 곳곳에는 창조주 하나님의 숨결이 있다.

하나님은 자기에 대한 믿음을 담보하는 수단으로 믿는 자에게 자기를 아버지로 부르는 관계를 맺는다. 자식은 맨 나중까지 아버지의 존재를 믿으며 증명한다.

이 회장이 혼외 자녀도 자기 호적에 올린 일은 은연중 하나님 형상의 모방에서 비롯한 행위다. 세상은 이것을 '도리'라고 하지만, 그 속에 창조주 하나님의 속성이 은연중 스며 있다.

창조주 하나님과
그의 피조물인 사물의 속성 사이에는
대응적으로 존재하는 동일성이 무수히 많다.

제3문

생물학자들은 인간도 오랜 진화과정의
산물이라고 하는데, 신의 인간 창조와 어떻게 다른가?
인간이나 생물도 진화의 산물이 아닌가?

> 서당 친구들과 작별하고 둘째 누이의 시가가 있는 진주의 지수 보통학교 3학년에 편입하게 되었다. 누이 집에 도착하자 곧 이발소에 가서, 아침마다 어머니가 손수 땋아 주시던 긴 머리를 싹둑 잘라버렸다.
> '일신을 부모에 받으니 훼손하지 않음이 효의 시초이다.'
> 서당에서 배웠던 글귀가 문득 뇌리를 스쳐 갔던 그 날도, 벌써 60여 년 전의 먼 옛날이 되어버렸다. 그것은 열한 살에 고향을 떠난 나의 개화의 날이었다.
>
> 이병철, 『호암자전』, 28.

아침마다 어머님이 정성스럽게 땋아 주시던 머리를 잘라 낸 어린 시절의 일을 이 회장은 '나의 개화의 날'이라고 의미를 매겼다. 그의 연보에 의하면 이때가 1922년이다. 한 사람의 개화이기도 했고, 한 나라의 개화이기도 하다.

진화론은 1856년에 찰스 다윈이 『종의 기원』(Origin of Species)을 출판함으로써 세상에 모습을 드러냈다. 이 회장이 태어나기 54년 전이다.

다윈이 갈라파고스섬에서 생각해 낸 것은 '공통조상'이라는 콘텐츠다.

친형제의 공통조상은 부모다. 사촌 간의 공통조상은 조부모다. 육촌 간의 공통조상은 증조부모다. 다윈은 공통조상을 찾아 거슬러 가다 보면 종국에는 하나의 공통조상으로 귀결하게 된다고 보았다.

이 개념을 인간을 비롯한 원숭이와 쥐와 물고기의 공통조상으로 확장했다. 더 나아가 식물까지 포함한 모든 생명체의 공통조상을 탐색해 낼 수 있지 않을까 하는 데 착안했다. 모든 생명체가 지니는 유전자에는 약간씩의 동일성이 발견된다. 그러므로 모든 생명체의 공통조상은 하나일 것이라는 가설이 진화론이다.

진화론이 설득력이 있으려면 절대적으로 필요한 것이 있다. 진화에 소요되는 장구한 시간이다. 공통조상에 이르기까지 매우 긴 시간이 필요하다. 그러나 다윈이 진화론을 발표할 때까지 우주 생성에 대해 인류가 가진 견해는 길지 않았다. 우주 나이는 성경에 근거한 1만 년 내외라는 사상이 지배적이었다.

진화론은 우주 나이 1만 년으로는 어림없는 가설이다. 진화론은 숱하게 등장했다가 사라지는 하나의 긴 논문에 그치고 말 수도 있었다. 그런데 진화론이 발표되고 73년이 흐른 1929년에 우주 생성에 대한 깜짝 놀랄 만한 이론이 등장한다. 빅뱅 이론이다.

최근의 과학계는 우주의 생성 연대를 138억 년 전이라고 주장한다. 138억 년 전에 아주 작은 알갱이 즉, 특이점이 "꽝!"하고 폭발하고 그것이 급속히 냉각되면서 팽창하고 있다는 것이 팽창 우주론, 곧 빅뱅 이론이다.

우주의 생성이 그렇게나 오래전이라는 빅뱅 이론은 진화론에 날개를 달아줬다. 138억 년이면 다윈이 주장한 진화가 진행되기에 매우 흡족하다. 바닷가 백사장의 모래 알갱이가 진화를 거듭하여 비행기가 되었다고 주장하고도 남을 만큼 넉넉한 시간을 빅뱅이 진화에게 담보해 줬다.

진화가 빅뱅에 도움 준 것도 피장파장이다. 빅뱅 이론 역시 진화론이 없다면 설득력이 없다. 눈에 보이지도 않는 아주 작은 점, 특이점(singularity)이 우주의 씨알이라는 빅뱅 이론의 발상 자체가 진화를 장착하지 않으면 안 되는 운명을 띠고 있다.

진화론은 200년, 빅뱅 이론은 100년에 불과한 햇병아리 이론이다. 그들의 주장대로 138억 년을 자랑하는 우주의 나이를 감안해 볼 때 200년, 100년은 면도날보다도 더 얇다.

> 우리나라 전통사회에서 '효'는 가장 소중한 가치였다. 시대는 이미 달라지고 사람들의 가치관도 많이 바뀌었지만, 어버이를 효경 하는 자식의 마음에는 고금의 차이가 있을 수 없다. '효'가 바탕이 된 가정은 건전하다. 그 가정이 단위가 되어 구성하는 사회 또한 건전하다. 인간의 본성에서 저절로 우러나오는 효도야말로, 시대의 고금을 초월한 영원한 인간의 질서이고 규범이라고 확신한다.
>
> 이병철, 『호암자전』, 279.

머리에 삭도를 대지 못하고 살아야 했고, 부모가 사망하면 무덤가에 움막을 짓고 3년씩이나 상례를 치러야 했던 조상의 행습이 인간의 본성에서 저절로 우러나오는 효도였다고 단정하기 어렵지만, 아니라고 말하기는 더 어렵다.

우주 생성과 인류 기원을 객관적으로 증명하는 것은 참으로 어렵다. 우리가 태어났을 때 모든 것이 이루어져 있었기에 그렇다. 현장 목격이 불가능한 과거 사건의 진실 규명은 자료에 의존해야 한다. 자료가 부실하면 진실 규명은 미궁에 빠진다.

오랜 옛적의 사실관계 규명을 위하여 들여다볼 수 있는 것으로 가장 신뢰할 수 있는 것이 있다. 그 당시를 살던 이들이 오늘날의 인류가 판별할 수 있는 흔적으로 분명하게 남겨둔 것으로 이를 '문명'이라 한다.

세계 제4대 문명 중에서 메소포타미아와 이집트 문명이 기원전 3,500년경으로 가장 빠르다. 기원전 3,500년에 살았던 인류가 최초의 '문명인'이다. 지금으로부터 5,500년 전이다.

지금의 우리처럼 한곳에 정착하여 가족과 지역 공동체를 이루고, 의사소통을 위해 음성과 그림과 문자를 사용한 조상이 불과 5,500년 전 처음 출현했다고 문명은 우리에게 일러준다.

고고학적 입장도 있다.

'신석기 혁명'이라고도 불리는 '농업 혁명'을 주목해 보자. 돌을 깨고 쪼고 깎아서 도구를 만들어 사용하면서 인류가 처음으로 농사를 시작했다는 것이 농업 혁명이다. 농업 혁명의 시기는 학자에 따라 약간의 차이는 있지만, 지금으로부터 1만 년 전이다. 인류가 농업을 시작하면서 한곳에 정착하고 가족과 부족을 이뤘다는 주장이다. 이때부터 공동체는 세력을 형성하고 키워 보존과 확장을 위한 전쟁이 시작되었다고 주장한다.

지질학적 입장도 살펴보자.

지질학에서는 가장 혹독한 추위가 맹위를 떨쳤던 제3 빙하기가 끝나고 제4빙하기가 시작되면서 기후가 온난해져 농사도 가능해지고 그때 살아남은 인류가 지금에 이르고 있다고 주장한다. 공교롭게도 제4빙하기의 시작이 지금으로부터 1만 년 전이다.

문명학에서 말하는 인류 문명의 발상, 고고학에서 말하는 신석기 농업 혁명, 지질학에서 말하는 제4빙하기의 시작, 이 셋이 '짧으면 5,500년 전, 길면 1만 년 전'으로 집약된다.

진화와 빅뱅에 따르면 인류의 출현은 40만 년 전이다.

그 인류가 39만 년간 진화를 거듭한 끝에 문명인이 나오고, 그로부터 1만 년이 지났다고 설명한다면 문명의 발상, 고고학, 지질학과 아귀가 딱 들어맞는다. 인류의 제 학문 분야와 진화론에 의한 문명인의 출현은 '짧으면 5,500년 길면 1만 년'이다.

> 태초에 하나님이 천지를 창조하시니라(구약성경 창세기 1:1).

기독교는 다른 종교와 달리 세상의 학문과 충돌한다.

종교들은 대부분 현실을 살아가는 중 고뇌하는 인류에게 더 좋은 방법론이 어느 것인지를 제공하는 데 치중한다. 그런데 성경은 첫머리부터 우주의 생성에 대하여 천명한다.

성경은 이뿐만 아니라 하나님이 창조한 첫 사람 아담과 하와 부부로부터 예수 그리스도에 이르는 족보까지 기록으로 남겼다. 그 족보에는 몇 살에 누가 누구를 낳았는지 밝히기 때문에 아담으로부터 예수 그리스도에 이르는 기간을 추정할 수 있다.

성경의 족보를 통해 창조 연대를 가장 먼저 계산해 본 인물은 아일랜드의 대주교였던 제임스 어서(James Ussher, 1581~1656)다. 그는 기원전 4004년 10월 23일이 하나님의 창조일이라는 견해를 내놓았다. 첫 사람 아담으로부터 예수에 이르는 기간이 4004년이라는 뜻이다.

이후 많은 이들이 성경의 족보를 근거로 창조 연대를 계산해 냈지만, 아담으로부터 예수에 이르는 기간은 4천 년 남짓이다. 예수부터 지금까지가 2천 년이니 성경에 근거한 하나님의 천지창조는 6천 년 전쯤이다. 여기에 성경의 족보가 현대의 관점으로 기록되지 않았음을 감안한다면, 하나님의 천지창조 시점은 길면 1만 년이다.

> 하나님이 그들에게 복을 주시며 하나님이 그들에게 이르시되 생육하고 번성하여 땅에 충만하라, 땅을 정복하라, 바다의 물고기와 하늘의 새와 땅에 움직이는 모든 생물을 다스리라 하시니라(구약성경 창세기 1:28).

창세기 1:28은 '문화명령'으로 지칭되며 널리 알려진 구절이다.

신의 창조에서 사람은 처음부터 문화인이다. 동물, 식물의 공통조상 개념이 성경에는 없다. 미개인이나 원시인도 없다. 하나님은 태초에 인류를 지으면서 문화인으로 창조했다.

창조 엿새째 날에 지음을 받은 인류의 조상 아담과 하와는 영유아 또는 소년 소녀로 지음받지 않았다. 창조 당일 결혼하기에 합당한 성숙한 청춘남녀였다. 그들은 당일 결혼하기에 전혀 부족함이 없는 훌륭한 신랑과 신부였다.

아담은 동물의 이름을 지어 부르는 대단한 창의성을 가졌고, 하와를 처음 본 순간 "이는 내 뼈 중의 뼈요 살 중의 살이라 이것을 남자에게서 취하였은즉 여자라 부르리라"(창 2:23)고 감탄할 만큼 빼어난 인성과 문화적 품격을 갖추고 있었다.

아담과 하와가 살아가야 하는 에덴동산은 창조 엿새 동안에 지어졌다. 거기에는 풍성한 열매가 주렁주렁 맺힌 나무와 숲이 있고, 네 개의 강이 발원하는 지역이다. 강이 흐르려면 강바닥으로 물이 스며들면 안 된다. 하나님은 강바닥의 지층을 완벽하게 창조했음을 의미한다.

거기에는 금과 진주, 옥이 있었다. 진주와 옥은 오랜 시간에 걸쳐서 만들어지는 보석이지만 하나님은 전지전능함으로 짧은 시간 안에 모두 만들었다. 넷째 날에는 광명체를 만드는데, 그날 피조한 광명체를 지구에서 모두 볼 수 있었다. 이 말은 수억 광년 거리에 만들어 배설한 별의 빛이 이미 지구에 당도한 상태로 지어졌음을 뜻한다(창 1:17).

'달걀이 먼저냐 닭이 먼저냐'는 질문에 대하여 성경은 '닭이 먼저'라고 분명히 밝힌다. 이러한 창조를 '성체창조'라 한다. 모든 생명체를 충분히 성숙하여 번식 가능한 성체로 지었다는 뜻이다.

아담과 하와는 신이신 하나님과 직접 대화했고 성경에서 말하는 무죄의 상태를 경험한 유일한 부부다. 그들은 하나님에 대하여 순종이냐 거역이냐를 선택할 수 있는 의지를 지닌 전인격적인 청년 남녀였다. 그들은 하나님을 거역하는 선택을 한다. 이로써 하나님은 그들을 에덴동산에서 축출하고 징벌을 내린다. 이 대목을 유심히 볼 필요가 있다.

하와에게는 임신과 출산의 고통을 크게 하고, 자녀는 어머니의 태중에서 폭력적으로 나오는 운명을 피하지 못한다. 특히 "너는 남편을 원하고 남편은 너를 다스릴 것이니라"(창 3:16) 했는데, 이는 현대의 부부 관계에서 드러나는 모든 갈등의 근본 원인을 함축한다.

아담에게 내리는 징벌을 보면 아담은 농부임이 드러난다. 땅이 가시와 엉겅퀴를 냄으로써 아담은 평생 김을 매는 수고를 해야만 소출을 얻는다. 에덴동산에서 쫓겨날 때는 동물의 가죽으로 만든 옷을 입었다.

이후 아담의 장남 가인은 농사를 지었고 차남 아벨은 목축을 했다. 아담과 하와는 에덴에서 나온 직후부터 가족 공동체를 이루고 한곳에 정착하여 농사를 짓는 문명인이었다.

> "그러나 아버님, 그렇다면 우리의 생각으로 하나님의 창조를 이해할 수 있어야 합니다. 우리는 합리적으로 사고합니다. 우리 눈앞에서 어느 날 갑자기 암탉과 장닭 한 쌍이 만들어지는 일은 일어나지 않습니다. 나무 한 그루도 '번쩍' 하고 서지 않습니다. 묘목을 심고 길러야 열매를 맺는 나무가 됩니다. 저희 세대부터는 태어난 이후 눈에 보이는 사물은 다 그렇습니다. 이러한 세상과 이런 이치에 길들여진 우리입니다. 지금은

> 모든 사물의 시작에서 어느 한 과정도 생략할 수 없습니다."
> 황의찬, 『아담은 빅뱅을 알고 있었다』, 203.

기독교 신앙은 모든 피조물이 성체에 도달하는 과정과 시간이 생략된 채 하나님의 전지전능함으로써 창조했다는 것을 의심하지 않고 믿는 것이다. 전능자 하나님은 보이지 않으며 무소부재하는 유일신이다. 하나님은 능히 이 모든 일을 이루어 내는 분이라는 믿음이 기독교 신앙이다.

기독교인으로 자처하는 이들 중에는 성경의 진리가 진화 빅뱅의 우주 생성 이론과 어긋날 리 없다고 주장하는 이들이 있다. '진리'라는 그릇에는 과학의 결과물도 담을 수 있어야 한다고 그들은 주장한다. 그러나 위에서 보았듯이 성경의 기록과 진화 빅뱅과는 접점이 희박하다.

'도깨비방망이' 신화가 있다.

도깨비가 방망이를 들고 "금 나와라 뚝딱", "은 나와라 뚝딱" 하면, 말하는 대로 금이 나오고 은이 나온다. 이와 유사한 신화가 없는 시대는 없었고 이 신화가 없는 나라도 없다.

> 하나님이 이르시되 빛이 있으라 하시니 빛이 있었고(구약성경 창세기 1:3).

도깨비방망이 신화는 황당하지만, 전능자 하나님의 천지창조 내력의 이해를 돕는다. 이는 하나님의 창조에 대한 유비로서 우화 혹은 전설일 뿐이지만, 성경에 기록된 하나님의 천지창조 기사는 진실이며 진리다. 그런데 기독교 내부에서 도깨비방망이 이야기와 천지창조 기사를 똑같이 신화라고 주장하면서 빅뱅이나 진화의 틀에 성경을 맞추고자 하는 이들이 있다.

혹자는 성경 족보 연대를 엿가락처럼 늘려 과학에 맞추려 하지만, 견강부회다.

하나님의 천지창조 시점은 지금으로부터 짧게 잡으면 6천 년, 길게 잡으면 1만 년 전이다. 그때 하나님이 문명인으로 아담과 하와를 창조했다. 그들은 일부일처제도의 가족 공동체를 이루었다. 농사를 지으면서 목축도 했다.

문명학, 역사학, 지질학, 고고학 등이 밝혀낸 문명인의 출현 시기도 짧으면 5,500년, 길면 1만 년 전이다. 이것이 우연의 일치일까?

'짧으면 5,500년, 길면 1만 년'을 단순화하여 1만 년으로 통칭하기로 한다. 성경의 천지창조와 세상 학문에서 팩트 체크 가능한 시점은 1만 년 전이다.

그렇다면 문제는 1만 년 이전을 어떻게 이해하는가로 귀결한다. 1만 년 이전부터 빅뱅의 시점까지를 '실재'라고 인정하기도 한다. 그것이 세상의 학문이다. 성경은 그렇지 않다.

"하나님의 창조에는 생략된 과거가 있다."

기독교 신앙은 전능자 하나님이 1만 년 이전은 생략하고 창조했음을 믿는 믿음이다. 황의찬은 『아담은 빅뱅을 알고 있었다』를 통하여 하나님의 창조에는 생략된 과거가 있음을 스토리텔링으로 적절하게 풀어내면서 '창조에서 생략된 과거 이론'을 제시한다.

> 사람이 만일 온 천하를 얻고도 제 목숨을 잃으면 무엇이 유익하리요 사람이 무엇을 주고 제 목숨과 바꾸겠느냐(신약성경 마태복음 16:26).

인류는 그 어떤 생명보다 사람의 생명을 귀히 여겼다. 사람을 제외한 모든 생명체는 사람을 위해 존재하는 것으로 활용했다. 이러한 역사는 성경의 내용에 부합한다.

하나님은 사람을 자기의 형상에 따라 지으면서 하늘로부터 내고, 다른 생명은 땅에게 종류대로 "내라"고 명령함으로써 사람과 여타의 생명을 하늘과 땅만큼 차별을 두었다. 하나님은 사람에게 '천부인권'을 부여하고, 여타의 생명은 천부인권의 '존엄'을 위한 수단으로 지었다. 진화론에 의하면 각 생명의 발생에는 시차가 있을 뿐이니 각각의 가치에 차등이 있을 수 없다. 오래된 것에 가치를 부여한다면 인간은 침팬지보다 훨씬 열등하다.

그런데도 진화론이 진실이고 진리라면 우리는 진화론을 믿고 신의 인간 창조를 부인함이 옳다. 그렇게 되면 인류가 해야 할 일이 많아진다. 생명체 간의 서열을 정해야 하고, 생명체 간의 윤리도 만들어야 한다. 또한, 사람과 사람 사이에서 지켜야 하는 도덕과 규범도 함께 만들어야 한다. 인문학이 주로 이 작업을 한다. 인문학은 이 점에 대하여 다양한 방법론을 제시한다. 사회 계약이라든가 공동체 구성원 간의 약속으로서 인간의 생명 존중에 대한 당위성을 확보하기 위해 연구하고 결과를 내놓는다.

인문학을 비롯한 세상의 학문은 인간의 존엄성을 확보하기에 안간힘을 다하겠지만 '천부인권'이라는 네 글자의 파급력에는 도달하지는 못한다. 하늘에서 난 생명을 땅에서 난 생명이라고 주장하는 진화론에 찬성한 후유증이다. 후세에게 '인명은 하늘이 내신 거야'라고 가르치는 것과 '인간의 존엄성은 공동체의 약속이야'라고 가르친 결과는 하늘과 땅 만큼이나 벌어질 것이다.

어떻게 믿고 가르칠 때 후세대가 인간의 존엄성을 최고의 가치로 여기고 지켜 낼까?

하나님의 창조에는 생략된 과거가 있다.

제4문

언젠가 생명의 합성, 무병장수의 시대도 가능할 것 같다.
이처럼 과학이 끝없이 발달하면 신의 존재도
부인되는 것 아닌가?

> 1938년. 그의 나이도 스물아홉이 되었다. 요즘 29세라 하면, 이제 갓 대학을 졸업한 사회 초년병이지만, 이병철 시대는 달랐다. 당시 한국인의 평균 수명은 불과 50세 정도밖에 안 되던 시절이므로, 정신연령은 지금보다 최소한 10세 이상 높았다고 볼 수 있다. 1900년대 초 일본의 경우, 40세 나이면 이미 노인 소리를 들을 정도였으니, 조선의 경우도 크게 다르지 않았을 것이다. 고종 시대 조선인의 평균 수명은 32세였으므로, 구한말 30세 정도면 이미 노인을 의미하는 것 아니겠는가.
> 홍하상, 『이병철에게 길을 묻다』, 63.

 인디언들은 급하게 뛰어가다가도 잠깐씩 멈춰 서서 자신이 달려온 길을 되돌아본다. '영혼이 따라오지 못할까 봐 기다리는 중'이라며 숨을 고른다. 한국인은 영혼을 잘 챙겨야 한다.
 1859년 진화론이 나오고 2년 지난 1861년, 주목할 만한 실험 하나가 있었다.
 프랑스 과학자 루이 파스퇴르(Louis Pasteur)의 백조목 플라스크 실험이다. 이 실험은 생명의 발생에 대한 실험이었다. 이 무렵까지 사람들은 생명은 자연적으로 발생한다고 믿었다. 가뭄이 들면 시골 저수지 바닥이 드러나 거북등처럼 갈라졌는데, 갑자기 비가 쏟아지고 물이 고이면 어디서 나타났는지 미꾸라지와 물벌레들이 헤엄치고 있다.
 철학자 아리스토텔레스도 이런 현상을 목격했던 것 같다. 그는 '생물은 흙이나 물 같은 무생물로부터 우연히 생겨난다'고 주장했다.

이를 생명의 '자연발생설'이라고 하는데, 이 가설은 17세기 중반까지 믿어졌다.

그러나 '과연 그럴까?'

이런 의심을 품은 과학자들이 여러 가지 실험을 했다. 그 실험 중 생명이 저절로 발생하지 않음을 확실히 보여 준 것이 파스퇴르의 백조목 플라스크 실험이다. 플라스크에 고기즙을 담고 플라스크 입구에 열을 가하여 가늘고 길게 S자 형태로 늘인 다음 고기즙을 고온으로 익히면 수증기가 S자 대롱으로 빠져나오면서 대롱 아랫부분에 액화한 물이 고여 플라스크는 밀봉된다. 물은 공기는 투과시키지만 공기를 매개로 이동하는 미생물은 차단한다.

그 상태로 며칠을 두어도 이전의 실험과 달리 고기즙에 아무런 생명체도 생기지 않았다. 이로써 수천 년 동안 사람들이 믿어 왔던 생명의 '자연발생설'이 폐기되고 생명은 오직 생명으로부터만 발생한다는 '생명속생설'이 정설이 되었다.

다윈은 생명의 자연발생설을 배경으로 진화론을 도출했다. '생물은 무생물로부터 우연히 생겨난다'라는 전통적 주장이 자기와 동시대 과학자의 실험으로 허구임이 밝혀질 것을 다윈이 알았더라면, 그의 연구는 달라졌을지도 모른다. 진화론은 무기물이 유기물이 되고 그것이 생명이 되어 점차 고등동물로 진화한다고 주장한다.

생명의 탄생 실험 이후 과학계는 '생명의 합성'이라는 주제 연구에 몰두했다. 생명은 저절로 생기지 않는다는 것이 확인되었으니, 이제는 과학을 발전시켜 인간이 생명을 만들어 내겠다는 것이다.

생명합성으로 인간이 생명을 만들어 내면 신의 존재는 부인되는 것 아니냐고 이 회장이 질문했다. 이 질문은 애당초 신이 없었는데 기독교가 괜한 주장을 한다는 생각에서 나왔을 수 있다. 아니면 기독교인을 향한 동정적 시선일 수도 있다. 기독교가 신을 믿고 살아왔는데 첨단과학에서 그렇지 않다고 하니 교회를 향해 안타까운 마음에서 이렇게 질문했을 수도 있다. 그러나 또 하나, 이 회장의 삶 가운데서 필연적으로 마주하게 되는 절대자에 대한 목마름이 원인일 가능성도 있다.

> 1982. 2. 3.   삼성라이온즈 프로야구단 창단
> 1982. 4. 2.   미국 보스턴대학 명예경영학박사 학위 수여받고 기념 강연. 보스턴대학은 이날을 '이 회장의 날'(B.C. Lee Day)로 정함
> 1982. 4. 22. 삼성미술재단 호암미술관 개관
> 1982. 6. 24. 삼성종합연수원 개원
> 1982. 6. 28. 삼성정밀, 국내 최초 항공기 엔진 국산화 성공 출하
> 1982. 11. 30. 삼성물산, 수출 20억불탑 수상
> 1982. 12. 27. 삼성반도체 통신 발족(한국전자통신 흡수)
> 1982. 12. 28. 삼성전자, 국내 최초로 세컴방식 컬러TV 프랑스에 처녀 수출
>
> 이병철, 『호암자전』, 436-7.

이 회장은 자서전 뒤편에 연보를 16쪽에 걸쳐서 자세하게 수록했는데, 위의 인용은 1982년 한 해의 주요 업적을 발췌한 것이다. 이렇

게 해 본 것은 이 회장의 네 번째 질문과 관련하여 1982년에 주목해 보기 위해서다.

이 회장이 보스턴대학교에서 명예 경영학박사 학위를 받을 때 미국에서 두 편의 주목할 만한 공상과학영화(SF)가 개봉되었다. 스티븐 스필버그(Steven Spielberg)의 <E.T.> 그리고 리들리 스콧(Ridley Scot)의 <블레이드 러너>(Blade Runner)다.

<E.T.>는 지구 밖의 생명체, 즉 외계인에 관한 영화로서 흥행에서 대박을 터뜨렸다. <블레이드 러너>는 <E.T.>에 치여 흥행에 성공하지는 못했지만, 이후 감독판이 나오고 시리즈물로 이어지면서 <E.T.>보다 더 주목받는 영화가 되었다.

블레이드 러너는 생명합성이 빚어낼 미래를 상정하여 '복제 인간'과 '실제 인간' 사이에서 있음 직한 갈등을 다룬다. 이 영화는 36년이 지난 2019년을 시대적 배경으로 설정했다. 1982년 당시 36년이 지난 미래에는 어쩌면 복제 인간이 출현할 것이라고 내다봤다.

그러나 생명합성으로 세포 하나도 못 만들자, 2017년에 '블레이드 러너 2049'를 제작, 상영했다. 2019년에 실현되지 못한 인간복제가 2049년에는 가능하지 않을까 하는 기대를 담았다.

영화에서 복제 인간을 '리플리칸트'(Replicant)라는 신조어로 부른다. 생명합성이 고도로 발달하여 성인 모습의 인간 몸뚱어리를 만든 다음 그에게 정신세계와 그가 수행해야 할 사명과 약간의 인간성까지 프로그래밍한다. 실제 인간과 차이가 있다면 수명이 짧고 생식기능이 없다는 것뿐이다.

정교하게 빚어진 리플리칸트가 실제 인간의 영역을 침범한다. 실제 인간은 이 문제 해결을 위해서는 리플리칸트를 제거할 수밖에 없다고 판단하고 실행에 나선다. 리플리칸트를 전문적으로 추적하여 제거하는 임무 수행자가 '블레이드 러너'다. 이 역시 신조어다.

생명합성의 발달과 함께 거기서 파생하는 문제를 예견하고, 사람에게 천부적으로 부여된 존엄성과 사람의 생각과 행동에서 드러나는 인간성이 어디서 비롯하는가의 문제를 다룬다는 점에서 이 영화는 걸작으로 평가받는다. 인간성이란 실제 인간에게만 있는 독특한 성질의 것이다. 그러나 영화에서 실제 인간은 인간성을 상실하고, 리플리칸트가 더욱 인간적인 면모를 띠기도 한다.

> 이병철의 성격은 까다로우면서도 귀족적이었다. 167센티미터의 키에 60킬로그램의 몸무게, 245밀리미터의 작은 발, 야무진 입매와 한 올의 머리카락도 흐트러지지 않은 단정함, 예리하면서도 온화한 시선…. 이병철은 매사에 제일주의를 고집하여 남에게 지는 것을 생리적으로 싫어했다. 이병철의 인상은 차갑고 매서우며 냉혹했고 인정사정이 없었으며 예리하고 까다로웠다는 것이 일반인들의 느낌이다. 그러나 그를 가까이에서 본 사람들은 그 반면에 성격이 둥글며 사교성이 뛰어나고 의외로 온화했다고 한다.
>
> 홍하상, 『이병철에게 길을 묻다』, 368.

이 회장의 외모와 성품, 사교성 등의 조건이 먼 미래에 리플리칸트를 제작할 때 프로그래밍할 변수가 되어 이 회장 모습의 인조인간이 탄생할 수도 있을 것이다. 그렇게 하여 한국경제가 새로운 부흥을 꾀할지도 모르겠다. 요즘같이 일자리 창출이 어려운 시기에 인간이든 리플리칸트든 이 회장처럼 기업을 만들어 내면 그는 단박에 영웅이 될 것이다.

사람은 30조 개의 세포로 이루어졌다.

완전한 리플리칸트 한 명을 탄생시키기에 필요한 세포의 숫자다. 생명합성으로는 아직 단 한 개의 세포도 만들지 못하지만 설령 위에서 묘사한 이 회장과 똑같은 리플리칸트를 만들어 내더라도, 그 리플리칸트가 이회장의 업적에 필적할 만한 과업을 해내겠느냐고 묻는다면 대답이 궁색해진다.

힘들고 위험하고 지저분한 일은 로봇이 대행하는 시대를 넘어 인공지능이 인간의 고급 직업군까지 침투하고 있다. 이미 사람의 일자리를 빼앗겼다는 불평이 쏟아지고 있다. 그럼에도 과학의 전진은 계속되고 있다. 군대의 전진은 승리의 고지를 향하지만, 생명합성을 비롯한 많은 분야에서 과학의 전진은 어디로 향하는지, 지향점이 뭔지 물어야 한다.

과학은 '할 수 있는 것', '해 볼 수 있는 것', '해 보니까 되는 것'이므로 한다는 이유 말고 다른 것은 묻지 않는다. 밝혀낼 수 있는 것은 다 밝혀 놓고 보면 진리가 나오지 않겠는가 하는 막연함, 만들 수 있다면 일단 만들고 보자는 것이 과학의 목적이라면 위험하다. 할 수 있으니까 하는 것이라면, 세 살 아이는 물속에도 불 속에도 들어갈 수 있다.

> 모사謀事는 재인在人이나 성사成事는 재천在天이라고 한다. 희망이나 꿈은 사람을 성공으로 이끄는 에너지이며, 언제나 무엇인가를 창조하고 성취하면서 살아가려는 인간의 통성이기도 하다. 그러나 아무리 희망과 꿈을 마음속에 그리더라도, 그것이 성사되느냐의 여부는 결국 별개의 문제일 수밖에 없다.
>
> 이병철, 『호암자전』, 227.

겉보기에 이 회장은 성공 가도를 쾌속 질주했지만, 속으로는 신의 섭리를 인정할 수밖에 없었다. 그는 '모사재인'에서는 남보다 월등했다. 이 회장에 버금갈 만큼 많은 기업을 일으킨 이는 드물다. 그러나 결실에서는 '성사재천'을 토로한다.

이 회장이 신에 대한 질문지를 작성해 가톨릭의 사제에게 전달하기 전 개신교의 한 목사에게도 전하여 답을 구했다고 한다. 당대 최고 재벌 회장이 쓴 질문지를 받은 목사는 의당 답변서를 작성해서 보냈을 것이다. 그 답변서가 어떤 것인지 세상에 알려지지는 않았다.

만일 이 회장이 그 답변서를 받은 이후에 다시 가톨릭의 신부에게 이 질문서를 보냈다면 아마도 목사의 답변에 만족하지 않았기 때문일 것이다. 어쨌든 이 회장은 하나님에 대한 질문을 일목요연하게 작성하고 그에 대해 답 듣기를 간절히 원했다. 세상을 떠나기 한 달 전에 이르기까지 답을 구했다.

이 회장의 질문과 관련하여 그의 생애를 유심히 보니 화려한 성공의 퍼레이드 이면에 쓰라린 고뇌와 좌절의 연속이 짙게 깔려 있다. 누구나 한 사람의 독자가 되어 이병철을 읽을 때 고난의 인물로 읽을 수도 있고, 마른 땅만 골라 디딘 이로 읽을 수도 있다.

평생에 아무 고난도 없고 늘 번영만 있는 자에게 하나님은 무의미하다. 하나님은 갈등과 좌절과 분노 속에서 고뇌하는 낮은 곳의 사람에게 손을 내민다.

"신의 존재도 부인되는 것 아닌가…."

어떤 사람은 신의 존재가 부인되기를 바라고, 어떤 사람은 신의 존재가 부인되는 것을 두려워한다. 이 회장은 후자로 보인다.

그가 애타게 신에 대한 궁금증을 해소하고자 했음은 신에게 귀의를 간절히 원했기 때문이 아닐까?

'이처럼 과학이 끝없이 발달하면 신의 존재도 부인되는 것 아니냐'는 그의 질문은 행여 신이 진짜 없을까 하여 부르짖는 절규일 것이다. 그의 질문은 신이 없다는 주장이 아니라, 이러다가 사람들이 신 없는 세상을 살아가면 어떻게 되겠냐는 우려의 질문으로 이해된다.

평생에 아무 고난도 없고
늘 번영만 있는 자에게
하나님은 무의미하다.

제5문

신은 인간을 사랑했다면,
왜 고통과 불행과 죽음을 주었는가?

"나를 사랑한다면서 나에게 왜 이러는 건데요?"

사람이 살아가면서 이 질문을 맨 처음 하는 것은 아마도 부모를 향해서다. 자녀는 이 질문으로 사춘기에 진입한다. 사춘기를 지나고 장성하여 부모가 되었다. 이제는 자녀의 사춘기를 만난다. 지난 시절 자신이 부모에게 했던 말을 자식으로부터 고스란히 되돌려 받는다.

"나를 사랑한다면서 나에게 왜 이러는 건데요?"

그리고 부모님에게서 들었던 말을 고스란히 자녀에게 읊조린다.

"내가 너를 얼마나 사랑하는지 알기나 하냐?"

이 서글픈 대물림은 인류가 생존하는 동안 멈추지 않을 것이다.

이 회장이 하나님을 향해 내놓은 다섯 번째 질문이 이것이다.

"나를 사랑한다면서 나에게 왜 이러는 건데요?"

대답은 이미 나와 있다.

"내가 너를 얼마나 사랑하는지 알기나 하냐?"

하나님과 인간 사이 사랑의 갈등이 부모와 자식 간에 그림자가 되어 나타난다.

> "비록 내가 서사위지만 사위자식도 자식 아닌가. 그런데 난 장인어른을 단 한 번도 장인이라고 불러본 적이 없었어. 회사에서나 처가에서 그런 인간적인 대화가 용납되지 않았던 거야. 그래서 난 항상 장인어른을 회장님으로 불렀지. 감히 앞에 나서는 것조차 두려웠던 거야. 내 인생의 비극이지."
>
> 이용우, 『삼성가의 사도세자 이맹희』, 219.

5. 신이 인간을 사랑한다면 왜 고통 불행 죽음을 주는가?

"서사위도 자식으로 사랑합니까?"

생전의 이 회장에게 누군가 질문했다면 당연히 사랑한다고 대답했을 것이다. 이 회장은 서사위에게 평범한 장인이 해 줄 수 있는 것 이상을 주었다. 그 정도면 충분하다고 여길 만치 장인으로서 할 만큼 했다. 그러나 서사위는 행복하지 않다고 말한다.

어쨌든 이 회장이 서사위에게도 아버지가 되고자 했듯이 하나님도 아버지가 되고 싶어 한다. 사람은 자기의 자녀에게만 아버지이지만, 하나님은 모든 이의 아버지이고자 한다.

생명은 아버지로부터 나온다.

부모는 자녀에게 생명을 주어 태어나게 하고 갖은 정성으로 양육한다. 까르르 웃어 가며 아이는 해맑게 자란다. 부모의 능력은 거기까지이다. 설령 더 많은 재물과 권세를 가지고 자녀의 평강과 행복을 엿가락처럼 늘리더라도 부모는 자녀보다 먼저 세상을 떠나야 한다. 태생적으로 부모는 자녀를 끝까지 책임지지 못한다.

"제가 알아서 살아가겠지, 나도 그랬으니까!" 하면서 눈 감는다.

사람이 고통과 불행과 죽음을 감지할 수 있는 것은 평강과 행복과 생명에 대한 잠깐의 경험을 가지고 있기 때문이다.

'난 항상 장인어른을 회장님으로 불렀지. 감히 앞에 나서는 것조차 두려웠던 거야. 내 인생의 비극이지.'

이미 부모는 세상을 떠났다. 돌아보니 아버지를 아버지로 부르지 못한 것이 비극이다. 처부모 앞에 감히 나서지 못했던 두려움이 회한으로 다가온다. 부모는 자식의 이러한 고통을 잘 알지 못한다. 고통과 불행 중에 항변하는 자녀에게 부모가 해 줄 수 있는 말은 늘 똑같다. 부모뿐 아니라 아버지인 하나님도 이렇게 대답한다.

"내가 너를 얼마나 사랑하는지 아느냐?"

사람은 부모가 되는 순간부터 자식에게 사랑에 대한 채무를 진다. 부모가 되기 전에는 자녀로서 자기의 부모에게 사랑의 채권자가 되어 항변하다가 부모가 되는 순간 채무자가 된다. 인생이 필시 이렇다면 너무 억울하다. 부모가 되었지만, 모두가 자녀였다. 자녀 때 받아 누려야 할 사랑을 아직도 덜 받았는데, 야속하게도 자녀에게 채무자가 되었으니 불합리하다. 이러한 인생살이에 하나님이 있어서 다행이다. 이 회장처럼 누구나 하나님에게 채권을 행사할 수 있으니 말이다.

> 아버지가 마치 혼잣말하듯이 나에게 던진 한 토막의 말을 기억한다. 아버지 차 안에 동승하고 가는데 아버지는 혼잣말처럼 나지막하게 그러나 단호한 목소리로 한 문장을 던졌다.
>
> "맹희야, 정치한다는 사람들 믿지 마라."
>
> 이상한 눈치를 채고 내가 "박 대통령과 무슨 이야기가 있었습니까?"라고 물었더니 아버지 입에서는 평생 듣지 못한 말이 나왔다. 박 대통령을 두고 한 욕설이었다. 아버지가 입 밖에 내는 욕설이라는 것이 '나쁜 사람' 정도를 넘지 않는다고 알고 있는 나로서는 당황할 정도로 심한 표현이었다. '너무 약고 의리가 없다'는 내용을 담은 표현이었다고만 해두자.
>
> 이맹희, 『묻어둔 이야기』, 16.

이 회장이 기업을 운영하면서 당하는 고난은 한국의 역사와 맥락을 같이한다. 각 질문에 답하면서 상술하겠지만, 이 회장의 첫 번째 고난은 6·25동란이다. 그때 이미 몇 개의 기업으로 상당한 재산을 보유했는데 전쟁통에 다 빼앗기고 빈털터리가 된다. 휴전되고 나서 그는 오뚜기처럼 다시 기업을 일으켰는데 4·19혁명에 이어 5·16쿠데타가 일어났다.

4·19 과도 정부와 5·16 국가재건최고회의는 부도덕과 탈세를 빌미로 기업의 숨통을 틀어쥐었다. 여기서 벗어나는 길은 재산을 내놓는 것뿐이었다. 이 회장은 이후로도 박정희 대통령과 기싸움을 하면서 밀고 당겼다.

이 회장이 장남 앞에서 현직 대통령에 대하여 평생 입에 올리지 않았던 욕설로 비난해야만 했던 고통도 그의 생애에서 견디기 쉽지 않았던 굴곡이다.

전후 이 회장이 주력 사업으로 꼽은 것 중 하나가 비료생산공장 건설이었다. 농업의 성패는 비료에 달려 있다 해도 과언이 아니다. 그만큼 비료가 절실했지만 절대 부족했다. 당시 한국의 농가에서 사용하는 비료는 주로 일본에서 수입했다.

이 회장은 이승만 정권 당시부터 일본을 능가하는 비료 공장을 설립하고자 미국과 독일을 방문하여 차관지원 약속을 받아 냈는데, 4·19와 5·16으로 비료생산기업 설립의 꿈을 잠시 접어야 했다. 5·16으로 들어선 군사정권이 비료 공장 설립의 필요성을 알고 정부 차원에서 공장 설립을 추진했다.

마침 이병철 회장이 비료 공장 설립을 추진했다는 것을 알게 된 정부는 삼성에 비료 공장 과업을 떠맡기다시피 했다. 이 회장은 이 제의를 수락하면서 정부의 전폭적인 지원을 요구했고 정부는 이에 응했다. 그렇게 시작한 한국비료주식회사는 이 회장에게 평생에 걸쳐 가장 속 쓰린 고통을 안겨 준다. '삼성의 사카린 밀수 사건'으로 걷잡을 수 없이 번진 사태를 해결하면서 이병철과 박정희 사이 갈등은 최고조에 달했다.

이 회장이 차 안에서 장남 맹희와 대화하는 중, 박정희 대통령을 향하여 '너무 약고 의리가 없다'는 뜻의 욕설을 했다. 맏아들 앞에서 대통령을 욕하는 정황이라면, 이 회장은 인생 일대 절체절명의 위기다.

> "나와 내 가족이 살아가기 위해 필요한 돈이라면 (사업 초창기에 해당하는) 제일제당, 제일모직의 성공만으로도 충분했다."
> 야마자키 가쓰히코, 『크게 보고 멀리 보라』, 138.

이 회장의 말처럼 기업체 한두 개만 소유하고 튼실하게 운영하면서 소소하지만 확실한 행복을 추구하면서 살았더라면, 자식 앞에서 대통령 욕하는 지경까지 이르지 않았을 것이다.

누구나 자기의 수고로 선한 열매가 맺기를 바란다. 그러나 산이 높으면 골짜기가 깊다. 높이 쌓아 올린 탑일수록 그림자가 길다. 아무리 선한 업적이라도 골짜기와 그림자가 있다. 누구나 그렇듯, 이 회장이 평생 행복만 누릴 수 없었던 이유다.

사람은 자기 안의 창조적 충동으로 어디까지 나아가고, 어디서 멈추어야 하는지 답을 모른다. 이 회장에게 사업 초기 제일제당과 제일모직의 성공으로 만족했어야 옳다고 말할 수는 없다. 그것은 누구도 알지 못한다. 단지 '신만이 아는 일'이다.

"신은 인간을 사랑했다면, 왜 고통과 불행과 죽음을 주었는가?"

묻는 말에 바른 대답을 하고자 할 때 가장 먼저 유의할 것은 '질문 속에 답이 있다'는 평범한 진리다. 명강사가 수험생에게 제일 먼저 강조하는 말이다. 질문을 제대로 이해한다면 답은 저절로 나온다. 위의 질문도 마찬가지다. 질문 문장 앞부분에 '신이 인간을 사랑했다면'이란 조건절이 있다. 이 가운데 핵심 단어는 '사랑'이다. 사랑이 무엇인지 알아야 이 문제는 풀린다.

> 붕어빵을 만들기 위해서 밀의 씨앗을 거름 뿌린 밭에 심어야 하듯이, 전능자는 사랑의 씨앗을 심어서 사랑이 싹을 틔우고 자라서 열매를 맺을 수 있는 토양을 조성해야 합니다. 그러니 그 토양이라는 환경은 분명 사랑일 수는 없지요! 전능자는 사랑이 싹이 나고 자라서 열매가 맺히기를 바라는 '세상'을 만듭니다. 지금 우리가 살아가고 있는 이 세상의 본질이 그것입니다. 지금 우리가 살고 있는 이 세상에 사랑이 혼전만전한 것 같아도 사실은 그렇지 않아요!

> 우리 '붕어빵 포장마차 담론'에서 정의되고 합의된 결과에
> 따르면 이 세상은 사랑이 아닌 것을 바탕으로 하고 있어요!
>
> 황의찬, 『붕어빵』, 182.

　빵을 굽기 위해 수확하는 밀을 사랑에 견주어 보면, 밀이라는 사랑을 수확하기 위해 씨앗을 뿌리는 흙은 밀알을 썩힐 수 있어야 한다. 그러려면 흙이 먼저 썩어 있어야 한다. 여기에 또 잘 썩은 거름을 뿌려 주어야 한다. 썩혀서 독성을 완전히 빼낸 분뇨도 뿌려 주어야 한다. 그래야 땅에 뿌려진 밀알이 썩어 싹이 트고 자라 더 많은 밀을 수확할 수 있다.

　하나님이 천지를 창조할 때 사랑의 결실을 위해서 조성한 토양이 꼭 밀밭과 같다.

　밀밭에 더 많이 썩은 것들을 더 많이 뿌려 줄 때 더 많은 밀을 수확할 수 있다. 썩은 냄새가 진동한다고 거름을 안 하면 밀은 이삭을 맺지 못한다. 하나님이 창조한 이 세상이 그렇다. 세상이 썩어서 냄새가 진동할수록 사랑은 풍성하고 기름지다. 고통과 불행과 죽음이라는 썩은 거름 밭에서 사랑은 싹이 난다.

　A의 부모는 인품이 훌륭하고 재물이 넉넉하고 명예와 권세를 지녔다.

　B의 부모는 못 배워 무식하고 성질도 못됐고 찢어지게 가난하다.

　A가 부모에게 바치는 사랑과 B가 부모에게 바치는 사랑은 같은가, 다른가?

만일 A의 부모가 완벽한 인품을 갖추고 A에게 부모 역할을 완벽하게 했다면, A의 부모는 A로부터 사랑을 전혀 기대할 수 없다. A가 자기 부모를 사랑한다 해도 그것은 부모가 자기에게 해 준 것에 대한 보답 차원을 뛰어넘지 못한다. 부모로부터 받은 것에 대한 조건반사에 지나지 않는다. 반면에 B가 부모로부터 온갖 몹쓸 일을 다 당하였음에도 부모를 사랑한다고 고백했을 때의 사랑이 진짜 사랑이다.

하나님은 전능하므로 A의 부모처럼 할 수 있다. 그런데도 하나님은 그렇게 하지 않았다. 오히려 B의 부모처럼 섭리한다. 하나님은 거기서 나오는 '밀알' 곧 사랑을 얻기 위함이다.

청상과부인 어머니가 수절을 포기하고 개가하는데, 어린 아들이 한 사코 울면서 치마폭을 놓지 않는다. 어머니는 피눈물을 삼키면서 아들을 떠다밀고 버스에 올랐다. 아들은 떠밀려 하수구에 빠졌다. 버스는 떠나고 아이는 주변의 도움으로 가까스로 일어나 아무도 없는 집을 향했다. 아들은 천애 고아로서 모진 세월 견디며 힘들고 어렵게 살아간다. 그런 중에 어머니의 팔자가 기구하여 거둘 사람이 없다는 소식을 들었다. 아들은 자기도 건사하기 어렵지만, 얼른 쫓아가 어머니를 모셔 왔다. 그리고 힘 닿는 데까지 극진히 모시니, 이것이 사랑이다!

하나님은 이 사랑이 부럽다.

하나님이 이 사랑을 보고 싶다.

하나님도 이 사랑을 받아보고 싶다.

하나님은 자기의 피조물 인간이 고통을 당해도 불행해도 죽임을 당해도 넌지시 바라만 본다.

거기서 사랑이 자라야 하기 때문이다.
하나님이 지은 세상은 밀밭과 같다.

> 여호와 하나님이 이르시되 보라 이 사람이 선악을 아는 일에 우리 중 하나 같이 되었으니 그가 그의 손을 들어 생명 나무 열매도 따 먹고 영생할까 하노라 하시고 여호와 하나님이 에덴동산에서 그를 내보내어 그의 근원이 된 땅을 갈게 하시니라(구약성경 창세기 3:22~23).

제6문

신은 왜 악인을 만들었는가?
예: 히틀러나 스탈린, 또는 갖가지 흉악범들

국내 최대 재벌인 삼성계열의 한국비료가 1966년 5월 일본에서 사카린 원료를 밀수한 사실이 9월 18일 폭로되자 9월 21일부터 국회 본회의는 '특정 재벌 밀수 사건에 관한 질문'을 상정하고 경제기획원·상공부·법무부 장관 등 관계 장관들에게 이를 추궁했다. 여당과 야당은 정부의 재벌밀수 비호 여부, 차관 자금에 의한 밀수품의 결제 여부, 삼성그룹과의 관련 여부를 따지고 관련자의 즉각 구속과 내각 총사퇴를 요구했다.

대정부 질문 이틀째인 22일 마지막 질문자인 김두한 의원이 국무위원석에 오물세례를 퍼부어 국회의 밀수 사건 추궁이 중단되었다.

그날 3번째로 발언대에 선 김두한 의원은 발언 도중 "행동으로 부정·불의를 규탄한다"며 미리 준비한 오물을 정일권(丁一權) 총리, 장기영(張基榮) 부총리 등에게 투척했다. 이에 이효상(李孝祥) 당시 국회의장은 본회의에서 김두한 의원의 징계를 법제사법위원회에 요구했으며, 법제사법위원회에서는 김두한 의원의 제명을 결의했다.

다음 백과, "국회 오물 투척 사건"

당시 한국일보 4단 시사만화 <고바우영감>에서 오물 투척 사건에 대해 '적군 일개 대대를 섬멸할 수 있는 것보다 더한 위력'이라고 평가했다.

이 사건 이면에는 이 회장이 차마 드러낼 수 없는 속사정이 있었다. 이 회장이 처음 비료 공장을 계획했을 때는 독일로부터 차관을 들여오기로 했지만, 4·19와 5·16으로 그 계획은 물거품이 되었다. 이후 박정희의 제의로 다시 비료 공장 건설을 추진하면서 일본의 '미쓰이'라는 회사의 기술 지원과 차관을 도입하게 되었다. 뜻밖의 대형 프로젝트를 따낸 일본의 미쓰이사는 이 회장에게 1백만 달러의 리베이트를 현금으로 주겠다고 제의했다. 당시 국제 관행상 이 정도는 흔히 있던 일이었지만 분명한 뇌물이다. 문제는 그 검은돈을 한국으로 들여오는 합법적인 통로가 없다는 것이다.

박정희 대통령은 차기 대선을 앞두고 한국비료 건설을 치적으로 내세우면서 선거를 치를 계획이었다. 그래서 이병철 회장과 긴밀한 관계 속에서 공장 건설을 추진하고 있었다. 그런 중에 이 회장에게 미쓰이사의 리베이트 제의가 들어왔다. 이병철은 박정희 대통령에게 솔직하게 보고하고 이 돈을 한국으로 들여오는 방법에 대해 함께 숙의했다.

> 아버지는 리베이트 1백만 달러에 관한 내용을 박정희 대통령에게 밝혔다. 그랬더니 박 대통령은 '그러면 여러 가지를 만족시키는 방향으로 그 돈을 쓰자'고 제의를 해 왔다.
>
> - 중략 -
>
> 처음, 아이디어를 낸 사람은 박 대통령이었다. 즉, '그렇게 돈을 가져오는 것이 힘들면 물건을 사 와서 여기서 처분을 하면 될 것 아니냐?'는 이야기였다.

> 덧붙여 박 대통령은 돈을 만든 다음 1/3은 정치 자금으로, 1/3은 부족한 공장 건설 대금으로, 1/3은 한비의 운영 자금으로 하자는 안까지 내어놓았다. 쉽게 말해서 그 돈을 단순하게 운반할 게 아니라 그 돈을 다시 한번 부풀려서 이용하자는 것이 박 대통령의 아이디어였다.
>
> 이맹희, 『묻어둔 이야기』, 136-8.

1960년대 박정희 대통령은 고도의 통치행위로써 위와 같이 제안했을 수 있으나 이는 어쨌든 분명한 밀수였다. 또한, 최고 통수권자에게 보고하여 방법을 물었고, 그가 제의한 방식에 동의한 이병철 회장의 처신도 고도의 경영 수완이었지만 전대미문의 희한한 사건임에 틀림없다.

장남 맹희가 이 일을 맡았다. 맹희는 일본으로 건너가서 1백만 달러를 미쓰이사로부터 받아서 한국에 들여올 물품을 구매하기 시작했다. 삼성으로서도 이 기회는 두 번 다시 없는 호기였다. 그동안 여러 가지 제약으로 인해 사 두고 싶었지만 그렇게 하지 못한 물품들도 양껏 사 들였다. 정경유착이 빚어낼 수 있는 가장 짜릿하고 통 큰 거래였다.

일본 현지에서 산 물건들이 한국 세관을 통관할 때는 정부의 사전 지시에 따라 대부분 프리패스되었다. 그리고 국내에서 유통되었다. 정당한 관세를 물지 않고 들여온 상당한 분량의 제품들이 시장에 풀리자 충격이 작지 않았다. 당시 한국의 시장 규모는 매우 협소하여 어느 한 가지만이라도 갑자기 공급이 많아지면 가격은 급락했다.

그중에 오티사도 있었다. 오티사가 시중에 유통됨으로써 기존 사카린 원료 공급자가 타격을 입자 이상히 여겨 검찰에 고발했다. 이 사건을 부산지방검찰청에서 조사하고 '적당한 선'에서 벌과금으로 마무리했다. 그냥저냥 넘어가는 듯했다. 그러나 덮고 가기에는 정치판의 난맥상이 문제였다.

당시의 정국을 보면 박정희 대통령이 삼선 개헌을 은밀히 추진하고 있던 시기다. 박 대통령의 삼선 개헌 속셈에 2인자였던 김종필이 반대했다. 이 일로 처삼촌과 조카사위였던 박정희 김종필 두 사람 사이가 벌어지고 말았다. 1인자인 처삼촌 박정희 대통령은 삼선 개헌을 반대하는 김종필을 완전히 소외시켰다. 기 싸움에서 밀려난 김종필은 권토중래를 노려야 했다. 그런 중에 사카린 밀수 사건의 정보를 입수했다.

> JP는 공화당 자금책인 김성곤 국회 재경위원장을 이병철 회장에게 보내 "차기 대권을 위해 정치 자금을 마련한다"는 이유로 "한국비료의 주식 30%를 달라"며 노골적인 주식의 증여를 요구했다. 참으로 기가 막혔다.
>
> 이용우, 『삼성가의 사도세자 이맹희』, 79.

이병철 회장은 자서전에서 정치인 김모 씨가 한국비료의 주식 30%를 요구했으나 일언지하에 거절했다고 적었다. '정치인 김모 씨'는 위에 인용한 책에서 김종필 씨의 이니셜로 드러나고 중간책의 실명까지 밝혀졌다.

이병철 회장이 한비 주식 30% 헌납 제의를 거절한 대가는 혹독했다. 이 사건을 수습하는 과정에서 삼성은 박 대통령과의 밀약을 차마 밝힐 수 없었기에, 여러 가지 명분을 쥐어짜며 응대했지만 작심하고 덤벼드는 정치권과 언론의 집요함을 당해 낼 수 없었다. 실낱같은 기대라고는 박정희 대통령의 엄호뿐이었다.

> 사건이 한창 진행 중인 10월 15일 당시 사상계 사장이었던 고 장준하 씨가 대구에서 있었던 '재벌 기업 삼성 밀수 규탄 대회'에서 '박정희야말로 밀수 왕초'라고 했다가 바로 잡혀서 대통령 명예훼손으로 구속되기도 했던 분위기였다.
> 이맹희, 『묻어둔 이야기』, 162.

박정희, 이병철 둘만의 밀약은 재야의 장준하 귀에도 들어갔다.

장준하는 곧바로 규탄에 나섰다. 박 대통령도 마냥 입을 다물 수만은 없게 되었다. 이때 박정희 대통령이 했다는 한마디 말이 전해졌다.

"삼성은 밀수했으면서 왜 안 했다고 그래?"

이 한마디로 대통령 측근은 줄줄이 나서서 삼성을 비난하기 시작했다. 그동안 삼성에 우호적인 정치권과 관료들마저 대놓고 삼성을 힐난하고, 갑자기 비협조적인 태도로 돌변했다.

이 회장은 결국 한국비료를 국가에 헌납하고 경제계에서 은퇴하겠다고 선언했다. 당시 울산에 짓고 있던 한국비료 공장의 공정은 80%

였다. 정부는 이 회장에게 공장을 완공하여 헌납하라고 요구했다. 심지어 주식의 100%를 내놓으라고 윽박질렀다. 한국비료는 주식회사로 설립되어 공장을 건설하고 있었다. 주식회사의 속성상 한 사람의 주주가 주식 전부를 소유한다는 것은 불가능하다. 이 회장이 보유한 한비의 주식은 51%였다.

이 회장은 공장 건설현장을 방문하여 사원들을 격려하고 준공에 이르기까지 책임을 다하고 자기 소유 주식 51%를 정부에 헌납했다. 보통 사람으로는 감히 상상조차 할 수 없는 고초를 이 회장은 용하게도 견뎌냈다. 장남 듣는 데서 박정희 대통령에게 욕 한마디 하는 것 말고는, 기댈 수 있는 언덕이 이 회장에게는 없었다.

이 회장이 '신은 왜 악인을 만들었는가'라고 질문하면서 히틀러, 스탈린, 흉악범을 예로 넣었다. 히틀러가 유대인 6백만 명을 학살할 때 고위 공무원으로서 학살 업무를 총괄했던 한 인물이 있었다.

'아돌프 아이히만'이란 독일인이다.

전쟁이 끝나고 그는 붙잡혔다가 1946년에 포로수용소를 탈출했다. 그러나 4년 후 부에노스아이레스에서 체포되어 전범 재판에 넘겨졌다. 미국의 주간지 '뉴요커'가 이 사건을 취재하기 위해 유대인 여성 철학자 '한나 아렌트'를 파견했다. 한나 아렌트는 취재보고서를 『예루살렘의 아이히만』이라는 책으로 발간하면서 '악의 평범함에 대한 보고서'라는 부재를 달았다. 한마디로 끔찍한 범죄자 아이히만도 그저 평범한 우리의 이웃일 뿐이었다는 뜻이다.

아이히만은 법정에서 무죄를 주장하면서 유명한 한마디를 했다.

"신 앞에서는 유죄일지 모르지만, 여기 법정에서 나는 무죄입니다!"

그러나 아이히만은 교수형이 확정되어 사형이 집행되었다. 그도 자녀에게는 자상한 아버지였다. 그가 아르헨티나에서 붙잡힐 때 그는 자기 아들과 함께 지내고 있었다.

'악의 평범함'은 아이히만에게만 있는 것일까?

히틀러나 스탈린에게는 없었을까?

삼성의 사카린 밀수 사건에 연루된 박정희 대통령, 이병철 회장과 거기에 발을 담근 정치인들 모두 일정한 분량의 죄를 범하고 있지만, 그들 역시 아이히만에게서 드러난 '악의 평범성' 범주 안에 속해 있다. 모두가 자녀에게는 자상한 부모이고, 담 너머 이웃과 마주치면 다정하게 인사를 나눈다.

이 회장 시대 한국의 반공산주의 열풍은 대단했다. 아이들은 공산당을 뿔 달린 사람으로 그렸다. 그러나 악인의 뿔은 없다. 유대인은 아이히만에게서 뿔을 발견하지 못하자 '악의 평범성'에 대해 실망하고 분노했다.

> 악인은 그의 교만한 얼굴로 말하기를 여호와께서 이를 감찰하지 아니하신다 하며 그의 모든 사상에 하나님이 없다 하나이다(구약성경 시편 10:4).

사람들은 '하나님은 왜 착한 사람을 만들었냐'라고는 묻지 않는다.

항상 왜 악인을 만들었냐고 질문한다. 하나님은 착한 사람을 만들지도 않았고, 악한 사람을 만들지도 않았다. 사람이 선하고 악하고는 전적으로 자기의 책임이다.

성경에서는 '하나님은 나를 감시하지 않는다'고 여기는 사람이 악인이라고 정의한다. 하나님은 자기를 감시할 수도 없을뿐더러, 감시하지도 않는다는 철석같은 '오해'를 바탕으로 하여 쌓아 올린 사상을 악이라고 단정한다.

이 회장이 여섯 번째 질문으로 '신은 왜 악인을 만들었느냐'고 질문했는데, 이 질문에는 선행되어야 할 질문이 있다.

"부모는 왜 악인을 만들었는가?"

선인이든 악인이든 모두가 부모의 자녀다. 자녀로 태어나 자라서 선인이 되고 악인이 된다. 그러니 먼저 부모에게 묻는 것이 순서다. 이 질문에 부모는 무어라 대답할까?

"내 자녀가 착한 사람 되기를 바라고 낳았다!"

자기 자녀가 착한 사람 되기를 바라고 낳지, 악인이 되기를 바라고 낳는 사람이 어디 있느냐고 항변할 것이다.

요람에 있을 때처럼 부모의 시선이 자기를 외면하는 일이 결코 없다는 믿음을 평생 가진다면, 최소한 부모의 기대를 저버리는 일은 없을 것이다.

아장아장 걸을 때처럼 부모가 자기의 일거수일투족을 다 감시한다는 믿음을 평생 가진다면, 위험한 불이나 물속으로 뛰어드는 일은 없을 것이다.

학교에 다녀오면 꼭 안아 주며 선생님께 무엇을 배웠는지 확인하고, 친구들과 사이좋게 지냈는지 물어 주시던 부모님이, 평생동안 그렇게 자기에게 질문하고 계시다는 것을 명심한다면, 그 사람은 악의 길로 들어서지 않을 것이다.

"이제 나는 부모로부터 해방이다!"

다 컸다고 그렇게 외치면서 세상에 나가 더이상 부모가 자기를 감찰하지 않는다고 믿는 사람, 지금부터 나는 부모와 상관없는 인생을 살아가노라 호언장담하는 사람이 바로 악인이다.

하나님은 부모를 떠나 아내와 한 몸을 이루라고 했지만, 이렇게까지 절연하라는 것은 아니다. 뿌리 없이 서 있는 나무는 없다. 뿌리 없이 자라 가는 나무도 없다.

현실의 세상에는 악인이 활개를 친다.

그런데도 출산은 계속된다. 계속되어야 한다.

하나님의 마음이다.

제7문

예수는 우리의 죄를 대신 속죄하기 위해 죽었다는데
우리의 죄란 무엇인가?
왜 우리가 죄를 짓게 내버려 두는가?

> 창희는 9월 22일 검찰에 출두한 후 닷새 후인 27일 구속되었다. 죄목은 특정범죄가중처벌법 위반이었다. 이일섭 상무도 그동안 검찰에서 개인의 범죄가 아니라 삼성이 연계되지 않았냐는 추궁을 받다가 구속이 되었다. 삼성으로서는 이일섭 상무와 창희를 희생으로 쓸 수밖에 없었다. 결국, 이일섭 상무는 삼성은 직접 연결이 되지 않았지만, 이창희는 연결이 되었다는 선에서 조서를 꾸며주었다. 이 선에서 창희는 재판을 받았다. 나중에 창희는 5년형을 선고받았지만, 실제 형기는 6개월 정도였던 것 같다.
>
> 이맹희, 『묻어둔 이야기』, 162.

『흥부전』에 흥부가 곤장을 대신 맞겠다고 나서는 대목이 있다. 흥부는 그 대가로 돈을 받아서 처자식도 먹이고 자기 몸조리도 하고자 했다. 흥부가 연출하는 처연한 아름다움이다. 그 대목에서만큼은 자기가 당해야 할 형벌을 흥부에게 맡기고 매품팔이값을 주겠다는 부자가 얄밉지 않다.

남의 잘못을 떠맡는 모습은 본디 아름답다.

2천 년 전 예수 그리스도는 세상 죄를 짊어지고 가는 어린양이었다. 자기는 죄가 없음에도 남의 죄 형벌을 대신 짊어진다. 예수의 그 십자가 죽음이 나의 죄를 대신한 것이라고 믿으면 하나님이 그대로 인정해 준다. 하나님은 천상의 법정에서 그들을 의롭다고 평결한다. 십자가를 진 예수도 아름답고, 그 믿음으로 의인이 된 죄인도 덩달아 아름다워진다.

오티사 밀수 사건에도 형벌을 대신 짊어진 희생양이 있었다. 상무 한 사람과 이 회장의 차남 창희이다.

두 사람이 죄를 대신 짊어진 모습도 아름다울까?

삼성이 비료 공장 건설을 위해 미쓰이사(社)로부터 들여올 차관은 4,390만 달러다. 차관의 대부분은 미쓰이사의 기계류와 공장 설비 물품이다. 기계가 30여만 종에 이르고 무게만 해도 18만 톤이다. 미쓰이사로서는 획기적인 프로젝트를 따낸 셈이다. 1백만 달러는 총 수주 금액의 2% 남짓한 금액이다. 리베이트치고는 오히려 약소한 금액인지도 모른다.

뇌물을 준 미쓰이나 받은 삼성이나 당시로써는 그것이 큰 죄라는 생각 없이 수수했을 것이다. 공공연한 비밀로 거래되는 리베이트 관행은 계속될 것이다. 관행은 당사자에게 죄의식을 묽게 만드는 희석액이다.

"우리의 죄란 무엇인가?"

> 한국비료 밀수 사건을 통해 투서나 배신행위가 얼마나 무참한가를 뼈저리게 경험한 이병철 회장은 또다시 대구대학마저 헌납하게 되자 둘째 아들 창희의 투서 사건을 도저히 묵과할 수 없었다.

> 더욱이 천륜을 저버리고 부모의 가슴에 비수를 꽂은 자식의 배신행위가 아닌가. 이 회장은 창희를 불러놓고 이렇게 다그쳤다. 자식에게 던진 마지막 당부였다.
> "창희 니는 내 눈에 흙이 들어가기 전에 절대로 내 앞에서 얼씬거리지도 말거래이."
> 이 회장은 단지 이 말 한마디로 창희에게 추방령을 내렸다.
> 자신의 눈에 안 보이도록 멀리 떠나라는 뜻이었다. 창희는 한사코 거부하며 아버지와 맞섰으나 결국 미국으로 떠나 장기체류할 수밖에 없었다.
>
> 이용우, 『삼성가의 사도세자 이맹희』, 127-8.

이 회장의 차남 창희는 희생양이 되는 데에는 주저함이 없었으나 감옥에서 나와 보니 그새 엄청나게 변해 있었다. 최고 경영권은 형인 맹희가 쥐고 있었고 자신의 몫은 전혀 없었다.

조선시대 매품팔이 하는 이들은 기꺼이 곤장을 맞고 쌀 한 바가지 얻어 들고 사립문을 들어섰지만, 창희는 안팎으로 배신감만 차올랐다. 돌파구를 찾지 못한 창희는 아버지의 기업, 삼성의 비리를 낱낱이 적어 청와대에 투서했다.

이 투서는 전두환 중령을 거쳐 박종규 경호실장에게 전달되어 박 대통령에게 보고되었다. 박 대통령은 지난번과는 달리 "다른 것은 문제 삼지 말고 외화 도피는 알아보고 조처하라"는 관대한 지시를 내렸다. 그러나 실제 조치는 전방위적으로 이뤄졌다.

이후락은 투서를 빌미로 박 대통령을 부추긴 뒤, 이 회장 소유의 대구대학을 5·16 장학재단에 넘기라고 요구했다. 이 회장은 한국비료에 이어 대구대학까지 빼앗겼다. 분기탱천한 이 회장은 차남 창희를 불러놓고 자신이 죽기까지 눈앞에 얼씬거리지 말라고 호통쳤다.

이 회장이 이 지경이 되도록 작동한 요소를 한 단어로 압축하면 그게 무얼까?

시작은 나쁘지 않았다. 한국 농촌의 현실에서 비료는 절대적이다. 비료는 국민의 생명줄이다.

그 문제를 해결하고자 첫 단추를 꿰었는데 누가 훼방을 놓았을까?

비료 공장 설립에 참여하는 자마다 얽혀 들지 않을 수 없었던 올가미가 있었다. 그 올가미는 삼성을 곤경에 빠뜨리고, 정치권 경제권역은 물론 사회를 오염시켰다. 급기야 이 회장의 가족에게까지 마수를 뻗었다. 아버지와 자식과의 사이까지 허물고 말았다. 포도원을 침입한 여우 한 마리, 그 이름은 '죄'이다.

> 욕심이 잉태하면 죄를 낳고 죄가 자라면 죽음을 가져옵니다(신약성경 공동번역 야고보서 1:15).

예수는 목수인 아버지 요셉과 마리아 부부의 장남으로 태어났다. 예수의 동생 중 야고보와 유다는 초대 교회 지도자가 된다. 그리고 각각 신약성경의 한 권씩을 남겼다. 야고보가 쓴 책은 『야고보서』, 유다가 쓴 책은 『유다서』로 명명되어 신약성경 27권에 포함되었다. 위에 적은 성경 한 구절은 야고보가 쓴 야고보서 1장에 있다.

"왜 우리가 죄를 짓게 내버려 두는가?"

이 질문을 원초적으로 추적하고 또 추적하여 들어가면 다음 질문에 도달하게 될 것이다.

왜 아담과 하와로 하여금 선악과를 따 먹게 내버려 두는가?

하나님은 선악과를 따 먹는 날에는 정녕 죽으리라고 매우 엄중하게 경고했다. 그러나 선악과를 따 먹고 안 따 먹고는 사람에게 맡겼다. 하나님이 사람에게 허용한 '자유의지'다. 사람은 누구나 자유의지가 있다. 자기의 결정으로 선택하고 최종책임을 자신이 부담한다.

사무엘은 왕을 세워달라는 백성에게 야훼께서 하신 말씀을 낱낱이 일러주었다. 사무엘은 이렇게 일러주었다.

"왕이 너희를 어떻게 다스릴 것인지 알려 주겠다. 그는 너희 아들들을 데려다가 병거대나 기마대의 일을 시키고 병거 앞에서 달리게 할 것이다. 천인대장이나 오십인대장을 시키기도 하고, 그의 밭을 갈거나 추수를 하게 할 것이며 보병의 무기와 기병의 장비를 만들게도 할 것이다. 또 너희 딸들을 데려다가 향료를 만들게도 하고 요리나 과자를 굽는 일도 시킬 것이다. 너희의 밭과 포도원과 올리브 밭에서 좋은 것을 빼앗아 자기 신하들에게 줄 것이며, 곡식과 포도에서도 십분의 일 세를 거두어 자기의 내시와 신하들에게 줄 것이다. 너희의 남종 여종을 데려다가 일을 시키고 좋은 소와 나귀를 끌어다가 부려먹고 양떼에서도 십분의 일 세를 거두어갈 것이며 너희들마저 종으로 삼으리라. 그 때에 가서야 너희는 너희들이 스스로 뽑아 세운 왕에게 등을 돌리고 울부짖겠지만, 그 날에 야훼께서는 들은 체도 하지 않으실 것이다."

사무엘이 이렇게 말해 주었건만 백성은 여전히 고집을 부렸다.

(구약성경 공동번역 사무엘상 8:10-19)

사무엘은 사람 이름이다. 하나님이 이스라엘을 직접 치리하던 시대의 사사이다. 사사는 재판관이란 뜻이다.

모세는 이스라엘을 이끌고 이집트에서 탈출하여 요단강을 건너기 전 죽는다. 그 뒤를 이은 여호수아가 요단강을 건너 팔레스타인을 점령했다. 여호수아 사후, 이스라엘은 사사가 이끄는 시대를 경험한다. 사무엘은 마지막 사사이자 선지자였다.

하나님은 이스라엘을 직접 통치하고자 했다. 하나님이 직접 통치하겠다는 의지는 시비선악에 관한 결정 기준을 하나님이 정하겠다는 것을 의미한다. 무엇이 옳은지 그른지, 무엇이 선이고 무엇이 악인지를 하나님이 결정하는 나라가 천국이다. 하나님은 에덴동산을 그런 나라로 지었다. 그러나 그 나라는 오래가지 못했다. 사람이 저마다 시비선악을 결정하는 세상으로 이내 변질하고 말았다.

사람이 저마다 자기 기준을 주장하면 아비규환의 장이 된다.

삼성의 오티사 밀수 사건을 유심히 살펴보면 관련자들 모두 옳고 그름, 선하고 악함을 각자가 결정한다. 이 회장은 삼성이라는 울타리 안에서 모든 것을 자기가 결정했다. 장남 맹희 차남 창희도 자신이 시비선악을 결정하고 행동에 옮겼다. 삼성을 둘러싼 정치권의 인사도 마찬가지다. 박 대통령을 비롯한 수하의 관료들도 시비선악의 결정권자로 행동한다. 삼성의 오티사 밀수 사건을 바라보는 국회의원을 비롯한 국민까지 다 그러하다.

시비선악 결정의 주체가 하나여야 평강이 온다.

그 하나는 하나님이어야 한다. 하나님이어야 하는 이유가 있다. 하나님이 아닌 그 누구로도 시비선악을 결정하는 유일한 주체로 세울 가능성이 존재하지 않기 때문이다.

하나님을 떠나 각기 저 잘난 맛에 사는 세상에 진정한 평강은 불가능하다. 하나님은 이를 안타까이 여겨 하나님으로 기준이 일원화되는 하나님의 나라를 위해 이스라엘 민족을 선택하고 그의 나라를 실현코자 했다. 그러나 이스라엘은 이를 거부했다.

이스라엘이 선택한 왕이 다스리는 나라는 어떤 나라인가?

모든 결정을 왕이 하는 나라다. 왕이 옳고 그름을 결정하고 선하고 악함도 왕이 결정한다. 얼핏 보기에 그러면 되지 않겠는가 하지만, 왕은 사람이고 사람은 한계적 존재라는 맹점이 있다. 사람은 조석으로 변하는 속성을 가진다. 좋은 듯하다가 나빠지기에 십상이다. 결정적으로 사람의 수명이 길지 않아 계속성을 유지할 수 없다.

"예수는 우리의 죄를 대신 속죄하기 위해 죽었다는데….″

예수 그리스도가 십자가 죽음으로 우리 죄를 대속했다. 그러나 이 회장은 왜 예수가 대속해야 하는지는 묻지 않았다. 성경에 따르면 예수는 하나님의 외아들이다. 삼위일체 하나님의 제2 위격으로서 하나님이다. 왜 그런 분이 세상 죄인의 죄를 대속해야만 하는지도 안 물었다.

대속에서 가장 큰 문제가 되는 것은 대속하는 자의 죄이다.

흥부는 매품팔이 하겠다고 나섰지만, 사형에 해당하는 죄를 대속하려면 죽어야 한다. 그럼으로써 사형수가 구원받지만, 희생양이 되어 정작 죽어야 하는 자의 죄는 미해결로 남게 된다. 희생양으로 대신 죽는 자도 구원은 필요하다.

구약 시대에는 동물을 대속하는 제물로 삼았다. 사람의 죄를 동물이 대속함은 온전하지 못하다. 죄인의 죄를 대속하는 속죄양으로서 죄 없는 사람이 필요하다. 하나님은 동물 말고 사람으로 죄의 값을 내고, 대속하는 완전한 구원으로 섭리한다. 그것이 예수의 십자가다.

이 회장이 묻지 않은 것은 또 있다.

예수의 탄생에 대해서다. 예수는 생물학적 아버지 없이 태어난다. 여자의 태만 빌려 태어났으니 생물학적 아버지가 없다. 성경은 남자를 알지 못하는 동정녀의 잉태를 '성령으로 된 것'이라고 기록한다. 많은 이들이 이 대목을 수긍하지 못한다.

> 귀접(鬼接, spectrophilia)은 귀신과 성교하는 것을 말한다. 아랍, 그리스, 힌두, 켈트 등 문화권에 귀접과 관련된 전승들이 존재한다. 귀접을 통해 사람으로부터 정기를 빨아들여 생존하는 악령을 남성형은 인큐버스, 여성형은 서큐버스라 한다. 귀접으로 인해 태어난 사람과 귀신의 아이를 "귀태"라고 한다.
>
> 위키백과, "귀접"

영적 존재와 육적 존재 간 잉태가 가능하다는 발상이 놀랍다.

'귀접'에 대한 전설은 동서고금을 막론하고 다 있다. 한국인에게도 '귀태'는 낯설지 않다. 귀태는 태어나서는 아니 될 사람이란 뜻으로 대단히 모욕적인 말이다.

태어나서는 안 될 사람이 있던가?

자기를 배신한 가룟 유다를 향해 예수는 '차라리 태어나지 아니하였더라면 제게 좋을 뻔하였느니라'고 안타까워했다. 태어남이 잘못이라는 뜻이 아니다. 흥하는 길로 가지 않고 망하는 길을 갔음을 탄식하는 말이다.

예수는 성령이 동정녀 마리아의 태에 씨를 심어 태어났다. 그렇게 태어남으로써 사람이면 누구나 가지는 죄가 없이 순전하다. 하나님이 대속의 희생양으로 쓰기에 적합한 단 한 사람이다. 그가 제물이 됨으로써 하나님의 대속 계획은 비로소 실현된다.

귀접 서사에서 귀태는 태생이 비천하고 '생존하는 악령'으로서 인간을 도탄에 빠뜨린다. 인류를 파멸로 이끈다. 인간이 창조한 이야기다.

하나님이 창조한 이야기는 이와는 매우 다르다.

하나님은 성령으로 순결한 마리아를 통해 예수가 태어나게 하여, 그 예수가 인간을 구원한다. 성경은 바로 그 예수 그리스도의 이야기다. 구약성경은 장차 태어날 예수를 이야기하고, 신약성경은 태어나 대속의 제물이 되어 인류를 구원하는 십자가의 예수를 이야기한다. 마침 이 회장의 다음 질문은 성경은 어떻게 만들어졌는가에 대해서다.

예수의 그 십자가 죽음이
나의 죄를 대신한 것이라고 믿으면
하나님이 그대로 인정해 준다.

제8문

성경은 어떻게 만들어졌는가?
그것이 하나님의 말씀이라는 것을 어떻게 증명할 수 있나?

> 그런 상황이 되자, 박두을 여사는 남편의 치유를 위해 마지막으로 "민의학에 의존해 보자"는 의견을 개진하기에 이른다.
>
> 최첨단 현대의학에서 불치의 판단이 내려진 지병 치유를 위한 염원이 오죽 답답했으면 '호랑이 담배 먹던 시절'의 이야기까지 나올까?
>
> 가족들은 모두 불문곡직하고 어머니의 안타까운 뜻에 전적으로 동의했다.
>
> 민의학이란 깊은 산 속에서 은둔생활을 하는 도인들을 찾아 난치병의 처방을 구하는 것을 말한다. 주역에 통달한 도력이 높은 이른바 도사들은 기상천외한 의론과 약론으로 사경을 헤매는 불치병 환자들을 더러 완치하는 비방이 있다고 했다.
>
> 삼성 비서실에서도 본가 왕할머니의 제의가 알려지니 우선 일선 취재 과정에서 도사들과 자주 접촉해온 「중앙일보」 기자가 있는지 여부를 수소문했다.
>
> 이용우, 『삼성가의 사도세자 이맹희』, 205.

민의학으로 불치병을 낫게 한다는 이들이 있다. 이들은 영매에 가깝다. 신과 인간 사이에서 중개 역할을 함으로써 현실 세계를 초월하여 신통한 효험을 보게 해 준다고 장담한다. 대표적 영매는 무당, 점쟁이다. 그들은 신과 인간 사이를 중개한다면서 복채를 받고 점괘를 내 준다.

1987년, 이 회장이 소생할 가능성이 없다는 진단이 나오자 가족들은 신계에 줄을 대고 싶어 했다. 이 회장의 하나님에 대한 24가지 질문이 성직자에게 전달된 것도 이 무렵이다. 삼성과 중앙일보는 국내에서 내로라하는 인물을 찾아가 할 수 있는 처방은 거의 다 했다. 죽음에 임박하여 이 회장은 하나님을 찾고, 삼성과 가족은 영매를 찾은 셈이다.

신과 인간과의 관계에서 종교가 나온다.

종교는 고급종교와 저급종교로 분류된다. 고급종교에는 경전이 있다. 불교는 불경, 회교는 코란, 기독교는 성경이 있다. 기독교의 경전 중에서 구약은 기독교, 회교, 유대교의 경전이기도 하다.

여타 종교의 경전과 달리 성경에는 유독 논란이 많다. 성경이 우주의 생성에 대하여 선포하고, 하나님의 천지창조 내역이 비교적 세세하게 기록되어 있으며, 책 자체에서 '이 책은 하나님의 영감으로 쓰였다고' 밝히기 때문이다. 성경은 또한 신약의 주인공인 예수 그리스도를 창조주 하나님의 외아들이며 구세주, 즉 메시아로 밝히는 점도 논란을 증폭시킨다.

> 여호와 하나님이 아담을 부르시며 그에게 이르시되 네가 어디 있느냐
> (구약성경 창세기 3:9).

성경이 어떻게 만들어졌느냐는 질문에 답을 위한 키워드는 '아담'이다. 아담은 하나님의 천지창조 엿새째 날에 하나님이 흙으로 빚고

생기를 불어넣어 지은 첫 사람이다.

네 번째 질문에 답하면서 거론한 리들리 스콧 감독의 영화 <블레이드 러너> 시리즈에서 인조인간 리플리칸트를 만드는 장면은 하나님이 아담을 빚어내는 대목과 흡사하다. 영화에서 성인 모습의 합성체를 만들고, 컴퓨터로 각종 변수를 프로그래밍하여 리플리칸트(replicant)를 완성한다.

성경이 어떻게 쓰였는지에 대답하면서 아담을 거론하는 이유가 있다.

아담을 성경의 기록대로 역사적 인물 즉, 인류의 첫 조상으로 믿느냐 아니냐에 따라 성경이 쓰인 내력의 해석은 엄청난 편차를 드러낸다. 아담과 하와에 대한 기사를 창조설화나 신화쯤으로 단정하고 성경 기록 과정에서 아담과 하와를 배제하면, 그 순간 성경이 어떻게 기록되었는지를 밝히는 일은 미궁에 빠지고 만다. 아담을 실재한 인물로 믿더라도 아담을 성경의 작성과 결부시키지 않으면 마찬가지로 난감해진다.

성경의 기록에 대한 견해로는 축자영감설과 역동설이 있는데, 양자 모두 아담의 역할에 주목하지 않음으로써, 아무리 정교하게 짜 맞추어도 공허한 이야기라는 평을 벗어나지 못한다.

축자영감설은 하나님이 성경의 한 글자 한 글자를 불러 주어서 받아 적었다는 이론이다. 마치 신계에서 인간계로 오는 팩시밀리가 있어서 신이 인간에게 성경을 보냈다고 해석하는 이론이다. 역동설은 인류 역사와 궤를 같이하면서 하나님이 필요에 따라 내세운 저자의 삶 속에 감동을 주어 성경을 기록하도록 했다는 이론이다. 두 이론 모두 아담을 도외시하여 엉거주춤한 가설에 머물고 있다.

이 책에서는 성경의 저작 배경에 아담의 역할을 주목한다.

> 태초에 하나님이 천지를 창조하시니라(구약성경 창세기 1:1).

하나님의 천지창조 모습을 본 듯이 말하고 있다.

누가 이렇게 당당히 선포할 수 있단 말인가?

이렇게 말할 수 있는 인물이 있다. 딱 두 사람으로 아담과 하와다.

아담 하와는 창조 엿새째 날에 창조되었다. 창조 당일에 하나님을 대면한다. 그리고 아담은 하나님이 자신을 마치 '리플리칸트'(복제인간)처럼 지었음도 안다. 그리고 아담은 자신의 갈비뼈로 하나님이 하와를 지어 자신에게 데려오는 것도 목격했다. 두 사람은 모두 그날 지음 받았지만, 정신적으로도 육체적으로도 결혼에 적합하다는 것도 자각했다.

그들은 에덴동산을 바라보면서 하나님이 엿새 동안에 지었다는 것을 알게 된다. 자기들이 지어지기 닷새 전이 태초로서 시간의 시작이라는 것도 안다.

> 아담 하와 부부는 시시때때로 자녀를 불러 앉혀놓고 에덴동산 이야기를 해 줬다. 자녀 앞에 해 줄 수 있는 이야기가 에덴동산 말고는 거의 없었기 때문이기도 했지만, 아이들이 자

라면서 자기네는 부모가 있는데, 엄마 아빠에게는 왜 부모가 없는지 질문하면 에덴동산과 하나님 이야기를 해 주게 된다.
　　하나님 이야기를 듣는 아이들은 호기심에 귀를 쫑긋하기도 했지만 이해할 수 없다는 듯이 눈을 동그랗게 뜨기도 했다.
　　　　　　　　　황의찬, 『아담은 빅뱅을 알고 있었다』, 124.

　에덴동산에서 쫓겨난 일을 어찌 잊을 수 있으랴. 에덴을 떠나와 자녀를 낳기 시작한다. 농사짓고 동물을 잡아 가죽을 벗겨 옷을 해 입으며 가족 공동체를 이룬다. 그의 자녀들은 부모가 하나님에게 쫓겨난 것을 알지만 하나님께 제사를 올린다. 아담과 하와는 자녀들에게 하나님과 에덴동산에 대하여 귀에 따가울 만큼 얘기를 반복했다.
　아담과 하와가 되풀이하는 이야기가 창세기 1장에서 3장까지이다. 4장 이하로 이어지는 내용은 아담이 자손과 함께 겪은 일이다. 글자가 발명되기 이전에는 입에서 입으로 전해져 내려오다가 문자가 발명되어 성경은 비로소 책으로 모습을 드러낸다.
　성경을 처음 문자로 기록한 인물은 모세다. B.C. 15세기 인물 모세는 그때까지 전승으로 내려온 내용을 문자로 기록했기 때문에 구약성경의 첫머리 다섯 권의 저자가 된다.
　B.C. 15세기는 지금으로부터 3,500년 전이다. 메소포타미아의 수메르 문명이 5,500여 년 전에 발상하고 2천여 년이 흘렀다. 모세가 가문의 전승을 양피지에 문자로 기록했다는데, 굳이 아니라고 주장한다면 그것이 더 억지스럽다.

모세는 아담의 27대손이다. 아담으로부터 모세에 이르기까지 모세가 직접 경험하지 않은 내용은 창세기 1장부터 50장까지다. 고대 인류의 기억 용량에 비추어 창세기 암송은 그리 어려운 일이 아니다. 창세기 다음 출애굽기부터는 모세가 직접 겪은 일들에 대한 기록이다.

축자영감설이니 역동설이니 하면서 억지를 쓸 이유가 하나도 없다.

> 여호와의 사자가 떨기나무 가운데로부터 나오는 불꽃 안에서 그에게 나타나시니라 그가 보니 떨기나무에 불이 붙었으나 그 떨기나무가 사라지지 아니하는지라 이에 모세가 이르되 내가 돌이켜 가서 이 큰 광경을 보리라 떨기나무가 어찌하여 타지 아니하는고 하니 그 때에 여호와께서 그가 보려고 돌이켜 오는 것을 보신지라 하나님이 떨기나무 가운데서 그를 불러 이르시되 모세야 모세야 하시매 그가 이르되 내가 여기 있나이다(구약성경 출애굽기 3:2~4).

모세가 하나님과 만나는 장면이다.

아담이 에덴동산에 있을 때는 하나님과 직접 대면하여 대화했다. 그러나 그가 하나님을 거역하여 선악과를 따 먹고 축출당한 이후 하나님과 직접 대면할 수 없게 되었다.

이병철 회장이 장남 차남을 내치던 모습의 기시감 즉, 데자뷔. 이 회장과 두 아들과 그랬듯이 이후 아담과 그의 후손은 하나님을 직접 대면할 수 없다. 인간 세상에서 사람 사이 갈등의 책임은 양자 중 누구에게 있는지 불분명하지만, 하나님과 인간 사이에서 죄악의 소재는 분명하다. 아담 이래 모든 인류는 죄인이다. 바로 이 죄 문제 해결 없이는 창조주 하나님 면전에 다시 설 수 없다.

하나님은 그러함에도 자신으로부터 돌아선 인류에게 끊임없이 다가선다. 죄로부터 구원하기 위해서다. 인류가 죄인이라서 하나님과 직접 대면은 못 하지만, 하나님은 자연현상의 이적을 통하거나 꿈, 환상 그리고 필요하면 천사를 보내어 사람에게 접촉을 시도한다. 하나님은 '신과 인간 사이의 영매'라는 메카니즘도 원용한다. 성경에서는 이들을 선지자라고 부른다. 이 선지자들이 성경의 저자가 되는 사례가 많다.

선지자 중에는 가짜 선지자가 섞여서 사람을 미혹하기도 했다. 오늘날 신과 인간 사이에서 중재자를 자처하면서 내방하는 이로부터 복채를 받고 점괘를 내 주며 푸닥거리를 하는 풍습은 가짜 선지자에서 비롯했다고 할 수 있다.

위에 인용한 성경 출애굽기의 한 대목은 하나님이 떨기나무에 불꽃으로 현현하여 미디안 광야로 피신하여 살고 있는 모세를 불러 하나님의 뜻을 전하는 장면이다. 떨기나무에 불꽃이 일어 활활 타올랐지만, 나무가 멀쩡한 것을 이상히 여긴 모세가 다가간다. 그리고 하나님의 음성을 듣는다. 하나님의 음성을 헤아리고 분별하는 일은 대부분 기도라는 형식을 통해서다. 기도는 하나님이 나를 향하여 무슨 메시지를 전하는지 감별하는 수단이다.

성경 첫머리 다섯 권을 모세가 적었다고 하여 모세오경으로 부른다. 이후 이스라엘 민족은 하나님이 선택한 제사장 나라로서 하나님과의 관계를 지속하면서 명맥을 이어 간다. 이들의 삶의 궤적이 구약성경이 된다. 모세 이후 예수 그리스도가 태어나기까지 1,500년간 숱한 선지자들이 하나님의 부름을 받고 하나님이 이스라엘 나라에 전하고자 하는 메시지를 전달한다. 이 내용이 39권의 구약성경이 되었다.

> 어려서부터 나는 독서를 게을리하지 않았다. 소설에서 사서에 이르기까지 다독이라기보다는 난독하는 편이었다.
> 가장 감명을 받은 책 혹은 좌우에 두는 책을 들라면 서슴지 않고 '논어'라고 말할 수밖에 없다. 나라는 인간을 형성하는 데 가장 큰 영향을 미친 책은 바로 이 '논어'이다. 나의 생각이나 생활이 '논어'의 세계에서 벗어나지 못한다고 하더라도 오히려 만족한다.
>
> 이병철, 『호암자전』, 418.

공자는 예수보다 500여 년 먼저 태어나 B.C. 479년에 향년 72세로 영면했다. 공자는 56세에 제자들을 거느리고 진, 채, 위나라 등을 주유하며 가르쳤다. 말년에는 노나라로 돌아와 가르침을 펴는 한편 고대 문헌을 정리하는 일에 심혈을 기울였다. 공자가 죽자 그와 함께 12년 이상 주유천하했던 제자들이 공자의 언행을 기록했는데 이 책이 '논어'다. 공교롭게도 논어는 작성된 배경이 신약성경과 흡사하다.

신약성경은 예수 그리스도에 관한 책이다.

베들레헴에서 태어나 서른세 해를 산 예수는 생애의 마지막 3년 동안 최소한 열두 명 이상의 제자를 거느리고 이스라엘 안팎을 다니면서 귀신을 쫓아내고 장애인과 병든 자를 고치고 죽은 자를 살리기도 하면서 자신을 하나님의 아들이며 하나님이라고 소개했다. 구약성경에서 수없이 예고한 오실 그리스도가 자신이라고 선포했다.

예수는 이 일로 사형을 선고받고 십자가에서 처형된다. 그러나 사흘 만에 부활하고 다시 제자들을 만나 가르침을 완결 짓고 여러 사람이 보는 앞에서 공중으로 부양해 구름 속으로 가려져 안 보이게 되었다. 일련의 과정을 목격한 예수의 제자들은 예수의 십자가와 부활의 증인이 된다. 이들은 예수가 곧 메시아라고 선포하는 일에 생애를 바쳤다. 이들이 공동체를 이루어 초대 교회가 탄생한다.

유대교는 율법에 따라 토요일을 안식일로 거룩하게 지켜 왔는데, 초대 교회는 예수의 부활을 기념하는 일요일을 주의 날로 정하고 그날에 정기적으로 모이기 시작했다. 유대교가 안식일 공동체라면, 초대 교회는 주일 공동체다. 이 공동체가 예수의 가르침을 지속해서 전파하기 위하여 예수에 대한 책을 펴내고, 사도 바울은 교회들에 편지를 썼다. 이 기록들이 신약성경이 되었다.

서기 1세기 말 이스라엘의 얌니아에서 랍비들이 모여 구약 39권을 정경으로 확정했다. 서기 397년 카르타고에서 열린 종교회의에서는 신약 27권을 확정 짓고, 구약 39권 신약 27권을 정경으로 확인했다.

기독교 경전은 1,600년이라는 장구한 역사를 소모하면서 인간계에 주어졌다. 오랜 세월 동안 40여 명의 저자가 기록했음에도, 성경 66권은 단 하나의 주제로 결집한다. 성부와 성자와 성령 삼위일체 하나님, 그 하나님이 우주 만물의 창조주이며, 그 하나님이 인간을 사랑한다는 것이다.

"그것이 하나님의 말씀이라는 것을 어떻게 증명할 수 있나?"

신계에서 인간계로 성경이라는 책이 전해졌는데 이를 증명할 수 있냐는 것이다. 얼른 생각해도 황당하다. 그러다 보니 '축자영감설'이 나왔다. 신이 인간에게 한 글자 한 글자 점지해 줬다는 발상이다. 신빙성이 부족하다 보니 보완책으로 '역동설'이 나왔다. 신이 필요에 따라 몇몇 사람에게 영감을 줘서 기록하게 했다는 주장이다. 그러나 그걸로는 성경이 하나님 말씀임을 증거하기 부족하다.

예수 이후 2천여 년간 기독교인이 성경 신구약을 '하나님의 말씀'으로 믿어 온 역사가 확실한 증거다. 아브라함 이후 4천여 년간 유대인이 구약성경을 '하나님의 말씀'으로 믿어 온 역사가 분명한 증거다. 성경 자체적으로도 창조주 하나님이 사람에게 전한 책으로 증명한다.

객관적 가능성으로는 1,600여 년에 걸쳐 40여 명의 저자가 66권을 집필했는데 놀랍게도 한 치의 오차도 없이 예수 그리스도로 초점이 모인다는 점이다. 1,600여 년이라는 시간은 영으로 있는 하나님이 육신을 가진 인간계에 자기의 모습을 드러내는 데 소요된 시간이다. 진리를 드러내는 데 필요한 최소한의 시간이었다.

이 회장이 '삼성'이라는 이름으로 기업을 세운 때가 1938년이다. 향후 삼성이 얼마나 더 지구상에서 이름을 빛낼 수 있을지 견주어 생각한다면 성경책은 참으로 불가사의하다. 인류에게 성경책은 가장 경이하고 신비로우며 자랑스러운 자산이다.

지금까지 아담에 주목하면서 성경이 쓰인 역사를 제시했다. 성경이 진리의 책이며 진실한 책이라는 믿음이 있을진대, 이 책에서 제시하는 성경 작성 배경 해석은 매우 합리적이다.

기독교인이 2천여 년간 신약과 구약을, 유대인이 4천여 년간 구약을 믿어 온 것처럼, 성경을 하나님의 말씀으로 믿는 믿음은 인류의 역사와 함께 갈 것이다. 진리가 아니고서야 이리 될 수 없다.

진리를 알지니 진리가 너희를 자유롭게 하리라(신약성경 요한복음 8:32).

제9문

종교란 무엇인가?
왜 인간에게 필요한가?

> 실제로 이병철이 신입사원 면접 때 대동했던 인물은 당시 희대의 관상가이자 역술인으로 이름을 떨친 일명 함양의 박도사, 박재현이었다. 이병철은 박재현의 재주를 매우 아낀 것으로 알려졌다.
> 박재현은 1970년대 초반 이병철을 처음 만났는데 첫 만남에서 이병철이 복채로 부산 국제시장에 점포 한 채를 내줄 정도였다. 또 박재현은 1970년대 무려 연봉 6,000만 원을 받고 삼성그룹의 고문을 7년이나 지냈다. 500만 원이면 중소도시의 집 한 채를 살 수 있었던 시절임을 감안하면 박재현이 이병철로부터 얼마나 극진한 대접을 받았는지 충분히 짐작할 수 있다.
> 박재현은 7년의 고문 기간을 마친 뒤에도 이병철의 요청이 있으면 언제나 달려가 자문을 해 주었다. 그래서 박재현은 이병철이 세상을 뜨기 전까지 옛 삼성 본관 28층 이병철 방을 언제나 자유롭게 드나들 수 있는 거의 유일한 인물로 꼽혔다.
>
> 이완배, 『한국 재벌 흑역사(상)』, 113.

"그래 맞아, 열심히 사는 것이 중요하지 종교가 무슨 필요가 있어?"

이 회장에게도 이 대답이 필요할 거라고 속단하면, 종교는 사람에게 실익이 없는 허상이며, 게으른 사람들의 도피처라는 대답을 내놓는다. 대답하기 전에 질문한 이의 의도를 잘 파악해야 좋은 대답을 할 수 있다.

이 회장은 종교성이 매우 강한 편이다. 그러한 중에 종교가 무엇이냐, 인간에게 왜 필요하냐고 질문했다면 종교를 부인하고자 함이 아니다. 스스로 자신의 삶을 돌아보니 매우 종교적이었다. 아내와 가족들 역시 한국인 특유의 종교적 성향을 지녔다. 그렇게 인생을 살아왔는데 말년에 이르러 종교에 대한 의미를 분명히 하고 싶었을 것이다.

이 회장은 논어를 정독하면서 논어의 사상에 충실한 삶을 살고자 했다. 그런데 아쉬운 것은 논어는 사후 세계에 대해서는 말해 주지 않는다는 점이다. 이 회장은 종교를 인정하면서 자기의 삶은 물론 기업의 경영에도 관상이나 역술을 적용해 왔다. 그러나 관상이나 역술 역시 죽음 이후에 대한 분명한 제시가 없다. 한국의 뛰어난 경제인으로서 평생을 달려왔는데 문득 죽음이 코앞에 닥쳐왔다. 이제 생각해야 할 것은 죽음과 그 너머다.

어디서 답을 얻을 수 있을까?

> 이러한 흐름에 편승한 많은 저술가는 종교의 미래에 대해 암담하게 내다봤다. 과학의 발달, 문자 해독의 확산, 미신과 미개함의 추방으로 인해 종교는 완전히 사라지거나 가족 단위의 제의로 남게 될 것으로 추측했다. 이제 종교가 정치를 휘두르는 일은 없을 테고, 종교가 문화를 이끄는 현상도 다시는 없을 것으로 점쳤다. 그러나 이런 예상은 빗나갔다. 21세기 들어서면서 종교는 전혀 주눅 들지 않았다. 각종 통계 조사에서 종교 인구는 오히려 증가한 것으로 밝혀지고 있다.

> 그러나 종교 행위의 양상은 이전과 확연히 달라졌다.
>
> 중세 시대 이전처럼 내세를 위한 종교가 아니라, 현대 시대 현대인들이 종교를 갖는 이유는 현실의 삶을 좀 더 좋게 만들려는 욕심 때문이다. 현세를 위한 종교가 현대 시대 종교의 특색으로 드러났다.
>
> 황의찬, 『하나님의 기름 부음』, 278.

종교의 아이러니이다.

그것이 이 회장의 삶에서 고스란히 드러나고 있다.

이 회장은 생전에 뛰어난 창의력과 활동력으로 한국경제 선봉에서 뚝심 있는 리더십을 보여줬다. 기업의 성공을 위해서 면접 때 관상가를 대동하고, 가문의 번영과 건강을 위해서 종교적 행습에 충실했다. 그러나 말년에 이르니 새로운 관점에서 종교를 알아보고 싶다.

종교 담론은 죽음 저편에 대한 두려움이 추동하여 활력을 얻는다. 그러나 죽음을 내 일로 인식하지 못하는 사람의 어리석음이 종교를 현세의 번영을 위해 필요한 것으로 제한한다. 그리고 열심을 내다가 인생의 황혼기에 이르면 원초적 종교를 소환한다.

과학은 종교 행위를 덜 열린 것 즉 미개한 것으로 치부한다. 인문학은 인간의 지성은 무한하다고 주장하면서 이성과 철학과 학문으로 인류를 평안에 안착시키는 일이 가능하다고 주장한다. 그렇게 되면 종교는 쇠퇴할 것이라고 예견했다. 그런 예측과 달리 21세기 종교는 전혀 주눅 들지 않았다. 내세보다는 현세의 번영에 치중하기는 하지만, 종교는 인류의 곁을 떠나지 않는다.

이 회장은 젊음의 패기와 열정 그리고 창조적 충동으로 왕성하게 기업을 일으키며 살다가 말년에 이르러 종교에 눈을 돌렸다. 한낮에 눈부시던 햇볕인데 날이 저물면 붉게 물든다.

> 1955년 초에 지진제(地鎭祭)를 올리고 정지(整地) 공사에 들어갔다.
>
> 이병철, 『호암자전』, 134.

'종교란 무엇이며 그것이 인간에게 왜 필요한가?'

이 회장은 1955년에 제일모직 공장 건설에 착공했다. 대구 침산동에 7만 평의 부지를 확보하여 공사를 시작했는데 주변에서 너무 넓다고 줄이자고 했지만, 이 회장은 오히려 20만 평으로 확장했다. 이렇게 부지가 정해지자 지진제를 올렸다. 지진제는 토목 공사에서 터를 닦기 전에 그 건물의 안전을 기원하는 뜻으로 지신(地神)에게 지내는 고사(告祀)다.

삶은 돼지머리를 상에 올리고 양옆에는 씨알 굵은 명태에 실타래를 둘둘 감아놓았다. 그 고사상에 넙죽넙죽 절하고 고액권 지폐를 돼지 입에 끼워 넣는다. 제사 축문을 지어 낭랑한 목청을 가진 이가 낭송하기도 한다. 이렇게 안전을 기원하고 막걸리를 나눠 마신다. 언제부턴지 알 수 없지만, 한국인이 즐겨 하는 고사 의례다.

'이걸 꼭 해야 하나?'

이 회장은 숱하게 많은 기공식 지진제를 지내면서 의문을 품었을지도 모른다. 마음속으로 쓸데없는 일로 치부했을 수도 있다. 그러나 누가 지시하지 않아도 고사는 되풀이되었다.

이 회장은 이를 지양하고 여기서 벗어나고 싶었을까?

'나 기독교인이야, 이제부터는 목사님 초청해서 기공식 때 예배하겠다'

그러면 고사는 중단된다.

종교는 미래에 대한 불투명성 때문에 사람의 곁을 떠나지 않는다. 과학이 아무리 발전하더라도 개인에게 닥치는 뜻밖의 사고와 시련을 전혀 예측하지 못한다. 모든 사람이 미래를 확연히 예측하고 그 예측이 한 치의 오차도 없이 들어맞는 시대가 온다면 종교는 사라질지도 모른다. 아니면 예측한 미래에 부합하는 단 하나의 종교만이 분명한 진리로 살아남을 것이다.

미래 예측이 불가능한 상태에서 종교를 갖는다는 것은 자신이 선택한 종교가 오직 하나의 진리로 최종 확인될 것으로 확신하는 믿음이다.

이병철 회장이 하나님에 대한 질문 24가지를 가지고 세상 뜨기 한 달 전까지 답을 구했다는 사실은 이 회장의 77년 생애에서 '그래도 기독교가 아닐까' 하는 종교적 묵상의 결론일 수 있다. 일찍이 창조주 하나님을 예배하지 못한 회한은 아닌지 궁금하다.

너는 청년의 때에

너의 창조주를 기억하라

곧 곤고한 날이 이르기 전에,

나는 아무 낙이 없다고 할 해들이 가깝기 전에

해와 빛과 달과 별들이 어둡기 전에,

비 뒤에 구름이 다시 일어나기 전에

그리하라.

(구약성경 전도서 12:1-2)

종교 담론은 죽음 저편에 대한
두려움이 추동하여 활력을 얻는다.

제10문

영혼이란 무엇인가?

당시 삼성물산공사는 이 물건들을 용산과 인천에 있는 보세창고에 보관하고 있었는데, 전쟁과 함께 모두 사라져버린 것이다.

이병철의 시보레 승용차도 빼앗기고 말았다. 불과 한 달 전 미국 대사가 타던 것을 구입한 것이었다. 어느 날 혜화동 로터리에서 우연히 자신의 승용차를 보게 되었는데, 승용차에는 남로당 위원장인 박헌영이 타고 있었다. 화가 치밀었으나 목숨이 붙어 있는 것만 해도 다행이라 여길 수밖에 없었다. 공산당 치하에서의 불안한 6개월이 흘렀다. 언제 어느 때 연행될지 모르는 상황에서 이병철은 결국 자신의 운전기사였던 위대식의 다락방에서 숨어 지내게 된다.

홍하상, 『이병철에게 길을 묻다』, 99.

용인에 사는 '추천석'이 수명을 다했기에 저승사자가 데리러 왔다. 저승사자가 깜박 졸았던지, 진천에 사는 동명이인 '추천석'을 잡아갔다. 정신을 차리고 사태를 바로잡으려고 보니 장례가 모두 끝났다. 저승사자는 얼렁뚱땅 진천 추천석의 영혼을 용인 추천석의 몸뚱이에 우겨 넣고, 용인 추천석의 영혼을 체포해 갔다.

졸지에 몸뚱이는 진천 추천석인데 멘탈은 용인 추천석인 괴물이 탄생했다.

전설 따라 삼천리 '생거 진천 사후 용인'의 유래다.

10. 영혼이란 무엇인가?

이병철의 시보레가 서울 거리를 달리는데, 엉뚱하게 박헌영이 떡하니 앉아 있다.

자동차나 물건을 애지중지하다 보면 거기에 인격이 입혀진 것처럼 느껴진다. 오직 나만을 반기고, 내가 조종해야 기뻐하는 비행기를 애기(愛機)라 한다. 자동차나 물건도 마찬가지다.

자동차에 운전자가 타지 않으면 한낱 고철에 불과하다.

영혼이 육신에서 하차하면 몸뚱이는 흙덩어리다.

> 천도제가 끝난 뒤 두 내외는 영령보탑을 찾아 12지인연법에 따라 12바퀴를 돌며 탑돌이 기도를 마치고 요사채에서 설송 대법사를 친견했다.
>
> 가부좌를 튼 채 단주를 굴리며 지그시 두 눈을 감고 앉아 있던 대법사는 두 내외가 배례를 마치자마자 느닷없이 이렇게 말했다.
>
> "영계에 들어가 보니 고인은 이미 이승을 뜬 순간에 미국인으로 환생했더군."
>
> 너무도 간단명료했다.
>
> 두 내외가 무슨 영문인지 몰라 어리둥절해하자 대법사는 고개를 끄덕이며 다시 말을 이었다.
>
> "찰라적이었지, 참 잘된 일이야."
>
> "……"
>
> - 중략 -

"대법사님! 그럼 고인은 미국 어느 가문에서 태어났는 지요?"

"명문대가야."

"아니, 그렇다면 어느 명문대가인지 가문의 이름도 알 수 있겠군요."

"으음… 까타… 까타야."

"아하, 그렇다면 미국 대통령을 지낸 카터 씨 집안이겠군요."

"그, 그렇겠지."

눈을 끔쩍이며 더듬거리는 투로 봐 도저히 믿기 어려웠다.

하지만 믿을 수밖에 없었다. 두 내외가 무조건 설송 대법사의 말에 고개 숙이며 전적으로 동감하고 사뭇 위안을 얻은 듯 얼굴 표정이 한결 밝아졌기 때문이었다.

이용우, 『삼성가의 사도세자 이맹희』, 248-9.

위의 내용은 이 회장 사후, 이 회장의 서사위 이종기 씨 내외가 미국에 체류하던 아들을 불의의 사고로 잃고, 강원도의 현불사라는 사찰에서 천도제를 지내고 난 후 '설송 대법사'로 불리는 이가 저자와 유가족에게 망인이 환생했다고 천연덕스럽게 말하는 대목이다.

인간계에서 영계를 드나드노라 자처하는 이들이 있다. 평소에는 황당하다고 생각하다가 상상하지 못했던 재난이 자신에게 닥치면 이렇게 위로받을 수도 있음을 보여 준다. 그러나 이것은 아무래도 혹세

무민이다. 참척의 고통을 당한 부모에게 저렇게까지 말할 수 있는 근거가 무엇인지 의문이다.

성경은 구원을 말한다.

예수 믿고 죽은 자가 하나님 나라, 천국에 들어감을 선포한다. 그래서 기독교 목회자는 장례를 집례하면서 성경에 근거하여, 믿고 죽은 영혼의 구원을 담대하게 선포함으로써 유가족을 위로한다. 육체와 영혼의 분리가 죽음이라는 근거도 성경에 있다. 본디 사람의 창조에서 하나님은 먼저 육신을 만들고 거기에 살아 있는 영을 불어넣었다.

> 여호와 하나님이 땅의 흙으로 사람을 지으시고 생기를 그 코에 불어넣으시니 사람이 생령이 되니라(구약성경 창세기 2:7).

생령은 '살아 있는 영'이다. 하나님은 사람을 살아 있는 영으로 만들었다. 먼저 흙으로 모양을 빚고 그 코에 생기를 불어넣었다. 생기는 살아 있는 기운이다. 이것이 영혼이다. 무릇 영혼에 대한 모든 이야기는 여기서 출발한다. 육신이 흙으로 돌아가야 하는 근거도 이것이다.

육신은 흙으로 돌아가고 영혼은 어디로 가나?

영혼에 대한 추측은 다양하다.

그중에서 윤회한다는 윤회설이 널리 퍼져 있다. 불교의 영향도 있지만, 영혼은 영원할 것이므로 어디선가 떠돌거나 머물 것이라는 생각을 하게 된다. 불교의 윤회설은 살아생전 공덕을 쌓지 않으면 또다시 다른 생명체로 태어나 업보에 의한 고뇌의 삶을 살아야 한다고 한다. 그러니 살아 있는 동안 지극한 공덕을 쌓아야 윤회의 업보를 끊어내고 부처가 된다고 설파한다.

설송 법사의 '영계에 들어가 보니 고인은 이미 이승을 뜬 순간에 미국인으로 환생했더군'이라는 말은 윤회의 업보를 끊지는 못했으나, 미국인으로 환생했으니 잘되었다는 뜻이다. 한국인으로 환생하는 것보다 더 좋다는 의미인지는 모르겠지만, 이 책의 저자는 객관적 입장에서 자기의 의심을 숨기지 않았다. 그러나 중앙일보 사장을 지냈던 이종기 씨 내외는 참척의 고통 중에 그 말에 위안을 받아 표정이 밝아졌다.

> 한번 죽는 것은 사람에게 정해진 것이요 그 후에는 심판이 있으리니 (신약성경 히브리서 9:27).

육신은 땅에 묻히고 영혼은 하나님의 심판대에 선다. 구원받은 이는 천국으로 들어가서 영원한 복락을 누린다. 구원받지 못한 영혼이라고 해서 세상에서 다시 환생하지 않는다. 영혼이 육신을 떠나서 '하나님의 나라'에 갔는데 하나님을 알지 못한다면 갈 곳이 마땅치 않다. 이 영혼들이 가는 곳을 지옥이라고 성경은 말한다.

영혼에 대한 견해는 종교마다 다르다.

영혼에 대해서 어떤 견해를 갖고 살아가야 할지 확률로 설명한 이가 있다.

영혼과 사후 심판이 없다고 믿고 살았는데 막상 있다면 돌이키지 못할 낭패에 빠진다. 이에 반해 있다고 믿고 살았는데 정작 없다면 그것도 허탈하다. 확률은 반반이다. 그러나 이 땅에 살면서 영혼과 사후 심판이 있다고 믿는 사람은 건실하며 경건하게 살아간다. 설령 영혼과 심판이 없을지라도 손해 날 일은 거의 없다. 그러나 영혼과 심판이 없다고 믿으며 사는 사람은 이 땅에서 쾌락은 더 많이 누릴지언정 만약 사후 심판이 있다면 망하는 길밖에 없다. 더욱이 사후 세계가 영원하다면, 그는 영원한 고통에 던져진다. 파스칼의 분석이다.

> '논어'에는 내적 규범이 담겨 있다. 간결한 말 속에 사상과 체험이 응축되어 있어, 인간이 사회인으로 살아가는 데 불가결한 마음가짐을 알려준다.
>
> 이병철, 『호암자전』, 418.

영혼의 존재 여부, 사후 심판의 있고 없음에 무관하게 인생은 얼마든지 경건하며 겸손하고 이웃에게 유익을 끼치며 살아갈 수도 있다. 이 회장도 그렇게 살고자 했던 것으로 보인다. 그러나 이 회장의 삶을 깊이 들여다보면서 역시 사람이 영혼과 무관하게 살아갈 수 없다는 것을 알게 된다.

사람과 사람 사이 관계에서 자기의 의도대로 되지 않아 당하는 고통도 크다. 이 고통을 해결하는 일도 때로 인간의 능력 범위를 벗어난다. 이 회장은 장남과 차남 두 아들과 관계가 어그러져 큰 고통을 겪는다. 속담에 '자식 이기는 부모 없다' 했지만, 이 회장은 자녀 앞에서 아버지로서의 절대적 권위를 행사했다. 어떻게 보면 이 회장은 자식을 이긴 부모였다. 세상 부모 중 몇 안 되는 사례이다.

> "각하가 불러서 갔더니 삼성의 이맹희 부사장과 친하냐고 묻더라, 나도 낌새를 알아채고 어린 시절부터 친하다고 했더니, 도움을 받느냐고 묻더라, 벌써 뭔가를 알아채고 물어보시는 것 같아서, 어린 시절부터 친하고 부잣집 아들이라 도움을 받은 적이 있다고 했다. 동생들 불고기 사주고 하는 것은 전부 이맹희 부사장이 낸다고 했더니 각하께서 '그러면 그렇지 나쁜 놈'이라며 웬 종이를 보여 주시더라."
>
> 그 종이에는 한 달에 용돈 2~3만 원에 내가 준 설탕, 밀가루까지 계산하고 그걸 다시 육군 중위 시절부터 전부 합산해서 숫자상으로 몇백만 원을 만들어 두었다고 했다.
>
> 이맹희, 『묻어둔 이야기』, 226.

이 회장의 장남 맹희와 전두환 사이에 있었던 대화다.

박정희 대통령 시절 중앙정보부 김형욱 부장이 대통령에게, 전두환과 맹희 사이에 뇌물이 오갔다고 꾸며서 보고했다. 박 대통령은 당시 보안사 소령으로서 청와대에 드나들던 전두환을 불러들였다. 그리고 김형욱의 음해임을 확인했다.

전두환과 이맹희는 어린 시절부터 막역한 친구 사이였다.

그러나 박정희 대통령 사후 5·18이 터지고 실세로 부상하여 정권을 잡은 전두환은, 죽마고우의 부친 이병철 회장이 소유한 동양방송을 언론 통폐합이라는 명목으로 빼앗는다.

> 동양방송은 발족 후 16년간 국민의 극진한 사랑 속에서 크게 성장했던 방송국이었다. 사세 신장에 맞춰 여의도에 10층, 연건평 1만 평의, 동양에서는 최신 최고의 시설을 갖춘 새 스튜디오를 완성했는데, 그것은 안타깝게도 본의 아닌 타의로 KBS에 흡수되기 바로 3개월 전의 일이었다. 정성을 다한 방송국을 부득불 내놓아야 하는 마음의 아픔은 참을 길이 없었다.
>
> 이병철, 『호암자전』, 300-1.

"TBC여, 영원하라!"

1980년 11월 30일 TBC 여의도센터에서 열린 TBC 고별행사에서 임직원들이 울먹이며 외친 함성이다. 그날 자정 동양방송의 마지막 화면은 동양방송 TBC의 사기가 게양대에서 서서히 내려오는 장면이었다. 전 사원이 그것을 지켜보면서 통곡했다고 이 회장은 회고한다.

왜 아니겠는가, 여의도에 최신 최고의 시설을 갖추었는데 3개월 만에 신군부가 강탈해 가서 국영방송 KBS에 흡수 통합시켰으니….

1980년 한국에서는 아직도 자본주의의 원리가 정치 세력의 부침에 따라 깡그리 무시되곤 했다. 분명한 사유 재산인데, 전두환의 한마디에 국영방송으로 둔갑했다. 이 회장은 드물게 '자식 이긴 아버지'였지만, 자식의 친구는 이기지 못했다.

이후 동양방송은 KBS라는 이름으로 전국에 방송을 송출한다.

그 모습을 생애 내내 지켜보아야 했던 이 회장의 심정이 어떠했을까?

20년 전 6·25 당시, 3개월 전에 구입한 자신의 시보레 승용차에 박헌영이 타고 달리던 모습을 목격하던 기분은 여기에 비하면 아무것도 아니었다. 16년간이나 심혈을 기울여 키워 온 방송인데 거기서 나오는 방송 전파가 갑자기 주인을 몰라본다.

진천 사람 추천석은 염라대왕의 배려로 용인 사람 추천석의 몸뚱이라도 대신 받았다. 어설프고 어줍은 남의 몸뚱이지만 거기라도 영혼이 들어가 합일했으니, 남은 생을 그럭저럭 살아 낼 수 있었다.

이병철 회장은 심혈을 기울인 동양방송을 빼앗기고 대신 받은 것이 없다. 여론도 냉정하다. 오히려 깨소금 맛이라고 수군수군하는 소리가 귓가에 들렸다. 이 회장은 걸핏하면 빼앗기고 아얏 소리도 못 내지르는 세상을 견뎠다. 뒤틀린 요지경 세상, 언제 바로잡힐지 고대하는 것조차 사치스럽다. 그리 세상 살다가 황혼에 다다랐다.

영혼이라도 있어야 맺힌 한 툴툴 털고 훨훨 날아올라 간다.

그런즉 내가 내 입을 금하지 아니하고 내 영혼의 아픔 때문에 말하며 내 마음의 괴로움 때문에 불평하리이다 (구약성경 욥기 7:11).

제11문

종교의 종류와 특징은 무엇인가?

> 아침 6시 30분 이병철은 전화기를 들었다. 상대는 중앙일보 회장인 홍진기였다. 이병철은 홍진기 회장에게 3월 15일을 기하여 삼성이 반도체 및 컴퓨터 산업에 뛰어든다는 것을 내외에 공식적으로 알리라고 통보했다.
>
> 이것이 삼성의 반도체 입국 선언이었다. 당시 이병철이 반도체 생산을 결심한 것은 단 두 줄의 통계였다. '철강은 톤당 340달러, 석탄은 40달러, 알루미늄은 3,400달러, TV은 21,300달러, 반도체는 85억 달러, 소프트웨어는 톤당 426억 달러의 부가가치가 있다.'
>
> 한마디로 어떤 산업을 해야 할지 그 결론이 나온 것이었다. 바로 그 답은 반도체 생산이었다.
>
> 홍하상, 『이병철에게 길을 묻다』, 280.

1983년의 일이다.

이 회장은 드디어 단안을 내렸다. 선택은 반도체 생산이다. 당시로서 소프트웨어는 비현실적이었기에 선택지에서 배제되었다. 나머지 중에서 부가가치가 가장 높은 것이 반도체다. 이로써 삼성은 반도체에 사운을 건다.

사람이 피할 수 없는 것은 두 가지이다. 하나는 죽음이고 또 하나는 선택이다. 아침에 눈을 뜨면서부터 선택은 시작된다. 어떤 식사를 하고 어떤 옷에 어떤 넥타이를 맬지 선택해야 한다. 누구를 만나야 하며, 주어진 시간 안에 어떤 것을 먼저 해야 하는지도 선택 대상이다. 평생에 걸쳐서 선택을 피하지 못하는 것이 인간에게 주어진 운명이다.

사람들은 종교도 선택할 수 있다고 생각한다.

식탁에 올라온 여러 가지 반찬 중 어떤 것을 입에 넣을지 선택하듯 종교도 그렇다고 여긴다. 김치가 좋으면 김치를 먹고, 깍두기가 좋으면 깍두기를 먹는 자유를 누린다. 한국인에게 선택 가능한 종교는 의외로 꽤 있다. 기독교, 불교, 유교가 있고 신흥 종교도 있다.

"살아가면서 종교 하나쯤은 있어야 돼!"

이렇게 말하는 이들이 많다. 세상살이가 팍팍한데 종교가 윤활유가 되어 준다는 의미이다. 기업인이 경제 원칙에 따라 업종을 선택하듯 나름대로 어느 종교가 좋은지 이리저리 살피기도 한다. 종교도 각 요소 단위당 부가가치를 계산해 낼 수 있다면 누구나 그렇게 하여 선택할 것이다. 그러나 종교는 그렇게 계산되지 않는다.

한국인은 술자리에서 술잔을 부딪치며 "기천불!"하고 외치기도 한다. 기는 기독교, 천은 천주교, 불은 불교다. 기왕이면 세 종교의 신들이 모두 도와서 대박났으면 좋겠다는 유머러스한 건배사다.

선택이 까다로워 결단을 미루고 살면서, 또는 술자리에 같이한 이웃의 종교가 서로 다르기도 한 점을 배려하면서, 건배할 때 뭉뚱그려 외치는 이 모습도 매우 종교적이다. 이 회장은 종교의 종류와 특징에 대하여 질문했다. 종교를 분류하는 기준은 여러 가지가 있다. 그중에 하나를 소개하자면 수행종교와 강신종교다.

수행종교는 말 그대로 수행을 통하여 신에 귀의하는 종교다. 불교 유교를 비롯하여 대부분 종교가 수행종교다. 신은 한곳에 좌정하고 사람이 그 신을 찾아간다. 이에 반하여 강신종교는 신이 인간에게 내려오는 종교다. '강신'에서 '강'은 '내릴 강(降)'이다.

성경의 하나님은 사람에게로 내려온다.

하늘에 있던 하나님의 아들 예수가 신계에서 인간계로 하강했다. 영적 존재인 신이 인간의 몸으로 왔다 해서 성육신(成育神, incarnation 인카네이션)이라 한다. 기독교의 하나님은 사람이 고행을 통해 자신에게로 오는 것을 바라지 않고 자기의 모습을 인간에게 계시함으로써 믿음을 갖게 한다.

위에서 종교도 선택 가능하다는 말을 했다.

그러고 보니 기독교는 선택지 중에서 조금 유별나다. 내가 정답으로 선택하지 않고, 선택지 중 하나로 있는 기독교의 하나님이 나를 찾아온다는 말이다. 그러나 자기를 찾아온 하나님의 노크 소리에 문을 열어 주고 안 열어 주고는 자유의지에 속한 것이다. 결국 수행종교든 강신종교든 선택의 주도권은 사람에게 있다.

> 이러한 조부 밑에서 선친이 한학 공부를 강요당한 것은 당연한 일이었다. 그러나 개항, 개국 등 외세의 침투로 나라가 흔들리던 청년기에는, 상경하여 독립협회의 회원들과 행동을 함께하기도 했다. 기독교청년회에도 출입하여, 뒷날 대통령이 된 이승만 박사와 서로 알게 된 것도 그즈음의 일이다. 선

> 친과 이 박사는 동갑이었다. 그러나 결국 중교리로 귀향하여 전원생활을 즐겼다.
>
> 이병철, 『호암자전』, 23.

이병철 회장이 자기 부친을 서술하는 대목이다.

이 회장의 선친이 기독교청년회에 출입했다. 알다시피 이승만 박사는 기독교회의 장로였다. 기독교청년회를 출입하면서 이승만 박사와 교분을 나눴다는 것은 종교 선택의 의미가 다분하다. 얼마 되지 않아 귀향했지만 이 회장의 부친은 한때나마 기독교에 관여했다.

나중에 이 회장은 기업인으로서 초대 대통령이 된 이승만 박사와 대면한다. 모든 이에게 그러하듯 이 회장이 기독교를 종교 중 하나로 선택할 수 있었던 기회는 충분했다. 그러나 어려서부터 논어를 읽었다. 논어의 영향으로 이 회장은 공자의 가르침을 좋아했다. 공자가 종교의 창시자인지에 대한 논란은 있지만, 한국에서는 종교로 인식하는 경향이 있다. 이 점이 이 회장의 기독교에 대한 적극적 태도를 가로막았을 수 있다. 이 회장 스스로 유교 신자라고 생각했다면 자신의 종교 선택은 그것으로 종결되었다고 여겼을 것이다.

이 회장은 종교의 종류와 함께 특징을 물었다. 기독교에는 다른 종교와 달리 강신종교일 뿐 아니라 몇 가지 독특함을 가지고 있다. 종교마다 천지창조에 대한 연원을 가지고 있으나 기독교의 천지창조는 매우 구체적이다. 그리고 창조주 하나님을 명백하게 드러내며 이 땅의 성도에게 하나님은 아버지가 되어 주심으로써 구원함을 알린다.

종교의 신과 그 신을 섬기는 신도를 아버지와 자녀 관계로 묶는다는 점이 기독교의 독특성이다. '아버지'는 선택의 대상이 아니라 필연적으로 파생하는 관계다. 성경의 하나님은 나를 낳아준 육신의 아버지는 물론 조상까지 창조한 분이다. 그리고 나와 아버지와 조상 모두의 아버지로 자신을 드러낸다. 이것은 흔히 생각하는 종교의 영역을 벗어난다. 잊고 살았는데 어느날 뜬금없이 나타나 '내가 너의 아버지'라 함과 같다. 육신의 아버지는 혈연에 근거하는데 하나님은 혈연 그 이상의 관계에서 아버지라고 성경은 말한다. 창조주로서 아버지이다.

이런 측면에서 기독교는 종교가 아니라 종교 이상의 것이다. 불교 신도가 되었다고 석가모니의 자녀가 되지 않으며, 유교 신도가 되었다고 공자의 자녀가 되지 않지만, 기독교 신도는 하나님의 자녀가 된다.

천지를 창조하고 나보다 먼저 조상을 이 땅에 보내어, 부모를 통하여 내가 태어나도록 섭리한 분, 조상과 부모와 나를 지은 창조주, 그 하나님이 아버지가 됨은 당연하다. 선택이 아니다. 그러함에도 세상에서 기독교는 여러 종교 중 하나로서 기꺼이 선택의 대상에 열거된다.

> 그 당시 이스라엘의 메시아 사상은 충분히 숙성했음에도, 하나님이 삼위일체로 계시면서 제2위이신 성자 예수님을 메시아로 보내리라는 것을 미리 안 사람은 하나도 없었다.
>
> - 중략 -

> 하나님이 성자 예수님을 메시아로 보냄에는 여러 가지 부담으로 생각해 볼 수 있는 여지도 만만치 않다. 그중에서 가장 큰 문제는 메시아로 이 땅에 온 예수님의 신성이 도외시되고 오로지 인성에만 치우친 나머지, 사람들이 예수님을 석가, 공자, 마호메트와 더불어 인류의 4대 성현으로 추앙하게 되는 일이다. 하나님의 창조주 되심이라는 관점에서 성자 예수님이 피조물인 다른 인물 세 사람과 같은 반열에 올리어져 추앙을 받는다는 것은, 하나님의 입장에서는 대단한 양보이다. 하나님은 이를 예측하지 못하고 보내셨을 리 없다. 그럼에도 하나님은 성자를 메시아로 보냈다.
>
> - 중략 -
>
> 이 사건은 창조주 하나님이, 자기를 예배하는 신앙이 사람들에게 종교로 인지될 수도 있고, 성자 예수님이 사람들 중에 위인의 반열에서 회자될 수도 있는 안타까움을 감수하고 용인한 일이다. 하나님은 그렇게라도 함으로써 죄인을 의인으로 인(印) 치시는 의인(義認)의 길을 연다.
>
> 황의찬, 『하나님의 기름부음』, 228-30.

부모를 거역하고 삽작문을 박차고 나간 자식이 돌아오기를 기다리는 부모처럼 하나님은 자기의 피조물인 인간이 자기에게 돌아와 아버지로 부르기를 학수고대한다. 기다리다 못해서 암암리에 자식이 어떤 모습으로 살고 있는지 찾아 나가 자식이 살아가고 있는 환경이 어떠한지 보았다.

나간 자식이 하나님 아버지를 망각하고 살아가는데 하나님이 보니 세상에는 종교가 있다. 종교는 인간계와 신계를 중개하는 가장 적합한 수단이다. 집 나간 탕자에게 하나님이 접근하는 길에 종교라는 징검다리가 적합했다. 하나님은 종교의 징검다리를 사용하기로 한다. 창조주요 하나님이요 아버지인 여호와는 기꺼이 모습을 다시 한번 낮춘다.

하나님이 보기에 석가나 공자도 삽작을 박차고 나간 자기의 피조물이다. 하나님이 자기에게 아버지라 부르기를 바라는 대상에서 예외인 사람은 없다. 그런데 그 사람들 중에서 종교를 창시하고 교주를 자처한다. 창조주인 하나님이 자신의 피조물인 인간이 만든 종교 중 하나로 자기를 드러낸다는 것은 격에 맞지 않는다. 그렇지만 영이신 하나님이 육신의 존재인 사람에게 다가오기 위해서 '종교'라는 형식을 쓰기로 한다.

위의 책에서 적시했듯이 하나님은 사람 곁으로 하강하되 자기의 외아들 예수를 사람 모습으로 보낸다. 그리고 기꺼이 하나님의 아들 예수를 석가와 공자와 마호메트와 더불어 4대 성현의 반열에 세운다. 밥상의 여러 가지 반찬처럼 종교라는 밥상에 하나님은 기독교를 넌지시 올려놓았다. 하나님의 낮아짐이다.

나는 자신의 창조물을 심판한다는 신을 상상할 수가 없다.
―엘버트 아인슈타인

기독교에는 심판에 대한 사상이 있다.

하나님을 믿고 구원받은 자는 천국에 가지만 하나님을 부인하고 거부한 자는 지옥으로 보내는 심판이다. 천국을 설명할 때는 온갖 미사여구가 다 합당하듯, 지옥을 설명할 때는 온갖 저주스러움이 합당하다고 흔히 생각한다. 전자는 옳지만, 후자는 타당하지 않다.

천국은 하나님을 아버지로 부르는 자들의 공동체이고 지옥은 하나님을 부인하고 하나님을 알지 못하는 이들의 공동체이다. 성경은 지옥을 영원히 꺼지지 않는 불구덩이로 설명하지만, 제철소의 용광로처럼 쇠를 녹이는 불구덩이라는 뜻이 아니다. 하나님을 모르고, 하나님이 아버지인 줄 모르고 사는 모습의 고난을 표현한 수사다.

지옥의 유비는 이 땅에 얼마든지 있다.

하나님의 창조를 부인하고 저마다 이기적이며 자기중심적으로 사는 세상이 선악과를 따 먹은 이후 계속되고 있다. 어떤 이가 자기의 한평생을 회고하면서 '용광로보다 더 뜨거운 불구덩이를 지나왔다'고 말했다 치자. 그런데 이 사람이 죽음 저편에서도 이생에서와 똑같게 된다면 그곳이 바로 지옥이다.

죽음 저편은 하나님의 나라다.

줄여서 천국이다. 영혼이 그 천국에 갔는데, 천국의 주인인 하나님이 자기와 전혀 상관도 없을 뿐 아니라, 도무지 모르는 분이라면 그곳이 아무리 낙원일지라도 바늘방석이다.

기독교는, 창조주이며 천국의 주인인 하나님과 미리 사귀는 교제이다. 주인과 깊이 사귈수록 그 집에서 내 영혼이 평안하다. 천국에서의 복락은 지금 지구에서 창조주 하나님과 얼마나 깊이 사귀느냐에 달렸다. 교회는 천국을 연습하는 예비 학교이다.

하나님의 심판은 "네가 나를 아느냐?"를 묻는 과정이다.

이 회장은 이 땅에 살면서 기독교인이 되지는 않았다.

그러나 그의 질문에서 드러나듯 하나님, 성경, 영혼에 대하여 지대한 관심을 가지고 살다가 그의 육신은 땅에 묻혔다. 그의 영혼이 하나님의 나라에서 하나님과 대면했을 때, 그 영혼이 하나님 앞에서 어떻게 했을지, 하나님은 그를 어떻게 대해 주었을지, 살아 있는 우리는 성경에 비추어 유추해 볼 수 있다. 이런 차원에서 이 회장의 다음 질문이 흥미롭다.

제12문

천주교를 믿지 않고는 천국에 갈 수 없는가?
무종교인, 무신론자, 타종교인들 중에도
착한 사람이 많은데, 이들은 죽어서 어디로 가는가?

천주교와 기독교는 같은 말이다. 그러나 여기서는 편의상 구분하여 사용할 필요가 있다. 천주교에서는 꼭 천주교를 믿지 않고도 구원의 길이 있다는 종교 다원주의를 상당 부분 수용하고 있다. 그러나 개신교, 그러니까 1517년 마틴 루터의 가톨릭 개혁 운동으로 탄생한 기독교는 아직도 이 문제에 대해서 구원에는 오직 한 길뿐이라는 입장을 견지하고 있다.

> 예수께서 이르시되 내가 곧 길이요 진리요 생명이니 나로 말미암지 않고는 아버지께로 올 자가 없느니라(신약성경 요한복음 14:6).

예수 그리스도가 제자들에게 한 말이다.

이 말에 근거할 때 예수 믿지 않고는 '아버지' 곧 하나님께로 갈 수 있는 길이 없다. 이외에도 신약성경 여러 곳에서 오직 예수 그리스도로만 구원받고 천국에 갈 수 있음을 천명한다. 이러한 구절의 해석에서 구교인 천주교는 융통성을 띠고 신교인 기독교는 완고하다. 기독교 내부에서도 교단에 따라 입장 차가 있기는 하다.

여기서 살필 것은 이 회장의 질문에 이어지는 '착한 사람'에 대해서다. 누구나 착한 사람은 착한 만큼 귀한 대접을 받아 마땅하다고 생각한다. 그래야 사람들이 착하게 살려고 애를 쓰게 된다. 만일 착하게 살았는데 그에 따른 보상이 없다면 굳이 착하게 살려는 마음조차 품을 까닭이 없다.

사람의 마음속에는 '착하게 살아야지' 하는 생각이 있다. 어느 부모든지 자녀에게 착하게 살아야 한다고 가르치지만, 세상을 살다 보면 마음먹은 대로 되지 않는다. 형편에 따라 초심이 흔들린다. 그러나 우리 주위에는 착하다고 평가를 받는 이들이 더러 있다.

> **인간의 양면성**
>
> 사람이란 아무리 정상적이라 하더라도 선과 악, 합리와 불합리, 광기와 정성, 본능과 이성을 아울러 가지고 있다. 이처럼 엇갈리는 두 면을 가지고 있으므로 사람은 누구나 심리의 야릇한 갈등을 경험하게 된다. 또한, 아무리 선량한 사람이라도 어느 순간에 악에의 유혹이나 부정에의 충동을 느끼는가 하면 아무리 악한 사람이라도 선량하게 될 수 있는 것도 이런 때문이다.
>
> - 1976.6. '재계 회고', 「서울경제신문」에서
> 김찬웅, 『이병철 거대한 신화를 꿈꾸다』, 25.

이 회장은 12번째 질문에서는 '착한 사람이 많다'고 했다.

그러나 신문지상에 기고할 때는 인간에게 양면성이 있다고 토로한다. 아무리 선한 사람도 악에의 유혹이나 충동을 느끼고, 아무리 악한 사람도 선량하게 되기도 한다고 적었다. 착한 사람이 많다는 말도 맞고, 인간에게는 양면성이 있다는 말도 틀리지 않는다. 그때그때 옳은 말이다.

이렇게 살던 이들이 죽음을 맞이하고 기독교에서 말하는 대로 하나님 앞의 심판대에 섰을 때는 어떤 평결을 받게 될까. 사람에게 있는 이중성을 생각한다면 선한 이가 없다. 그러나 세상에 살면서 자기 안에 있는 악에의 충동을 제어하면서 고매한 인품으로 착하게 살았다면 하나님은 천국으로 보내 줘야 하지 않느냐고 생각한다.

재정난과 내분으로 운영난에 빠져 있던 성균관대학교의 인수도 인재 육성을 위한 문화재단 사업의 하나였다. 그러나 성균관대학교는 종합대학으로서는 문과계에만 치우쳐 있었다. 운영의 정상화와 함께, 이공계 교육의 거점으로 과학관을 신축, 기증하였다.

재단에서 운영한 지 10년 동안에 성균관대학교는 비약적 발전을 이룩하였다. 1977년의 시점에서 산하의 단과대학은 4개에서 8개로, 학과는 25개에서 40개로, 그리고 학생 수는 3천 6백 명에서 7천 명으로 배증하였다. 교사의 연면적도 1만 평에서 2만 7천 평으로 확충되었다.

교세의 급신장에 따라 수원 천천동에 15만 평의 부지를 마련하고 분교 캠퍼스를 단계적으로 건설할 계획을 추진하고 있었다. 우선 그 첫 단계로 이공대학의 신교사 6천여 평을 1977년에 완성하여 이공계 학과의 이전을 추진하고 있었다.

그러나 일부 학생이 이에 반대하여 교수를 구타하는 용납될 수 없는 반교육적 행태가 일어났다. 교수 안면에 유혈이

> 낭자한 것을 목격한 나는 대학의 운용권을 정부에 일임하고 말았다.
>
> 이병철, 『호암자전』, 275-6.

이병철 회장은 교육과 문화에도 지대한 관심을 가지고 사업 영역을 넓혀 왔다. 그 일환으로 성균관대학교를 인수하여 획기적 투자로 운영에 관여했다. 그런데 대학 일부를 지방으로 이전하려는 계획에 반대하는 학생들의 시위가 거셌다. 급기야 시위 중이던 학생이 교수를 폭행했다. 교수가 학생에게 맞아 유혈이 낭자한 것을 목격한 이 회장은 충격에 휩싸였다.

이 회장이 자기의 자산으로 사립학교를 인수한 것은 선한 일이다. 이 회장은 이렇게 하는 것이 국가와 사회에 유익이 되며 좋은 일이라고 판단했다. 그리고 서울은 땅값이 비싸므로 지방으로 캠퍼스 일부를 옮기는 일도 괜찮을 것으로 생각하고 실행에 옮기려는데 재학생들의 반발이 드셌다.

재학생들의 반대에도 나름대로 명분이 있다.

반대하는 일이 당시 학생들에게는 선이었을 수 있다. 새로운 교주는 지방으로 캠퍼스 일부를 옮기려 하고, 재학생들은 반대하는데 어느 쪽이 선하고 어느 쪽이 악하다고 단정할 수 없다. 단지 자기가 생각하는 선의 실현을 위해 폭력을 사용하는 것은 악이다.

학생들이 본디 선량했으나 이 회장의 말마따나 순간적인 충동으로 악을 저질렀다고 볼 수 있다. 이 경우 자신이 악을 행했다고 깨달았을 때는 어떻게 행동해야 하는가의 문제가 발생한다. 회개의 문제다. 물론 회개하지 않겠다고 주장하는 이도 있지만, 마음속으로 회개하고 우발적으로 저지른 죄의 문제를 해결하고자 하는 마음도 존중되어야 한다. 이 회장의 24가지 질문 속에 회개의 문제는 들어 있지 않다.

세상에 드러나는 악에 대하여 매스컴은 놓치지 않고 드러내고자 애를 쓴다. 그러나 악을 세상에 알려 방지하려는 일 못지않게 악행을 한 이의 회개가 더 중요하다. 왜냐면 사람은 실수하는 습성을 가지고 있고, 그것을 해결하는 길은 회개가 유일하기 때문이다. 세상 풍조는 회개에 관해서는 관심이 덜하다. 성경은 회개에 집중한다.

"악을 행한 자는 자기의 죄를 어떻게 해결하고 천국에 갈 수 있나?"

질문 속에 들어 있지 않지만, 매우 중요하다. 사람은 누구나 죄를 짓고 산다. 이 죄를 어찌해야 해결되는지 답을 알려 주는 이는 많지 않다. 만일 자기 죄를 해결한 사람이 있다면, 이 회장의 질문 속에서 말하는 '착한 사람'과 동등한 대우를 받을 수 있을 것이다.

> 이때부터 예수께서 비로소 전파하여 이르시되 회개하라 천국이 가까이 왔느니라 하시더라(신약성경 마태복음 4:17).

천국은 회개와 매우 친하다.
회개 없이는 천국에 이를 수 없음을 예수 그리스도가 선포한다.

만일 이 회장이 '무종교인, 무신론자, 타종교인 중에서 자기 죄를 회개한 사람이 있는데 그는 어디로 가느냐?' 이렇게 물었더라면 더 좋은 질문이 되었을 것이다. 성경은 회개를 안내하는 책이다.

> 교도소 면회실에서 신애는 도섭과 유리 칸막이를 사이에 두고 마주 앉았다. 숨막히듯 긴장이 잠시 흐르고 서로 어렵게 대화를 이어 가는 중에 박도섭의 입에서 뜻밖의 말이 나온다.
> "얼마나 감사한 일입니까? 하나님이 이 죄 많은 놈에게 손 내밀어 주셨습니다. 그 앞에 엎드려 지은 죄를 회개하게 하셨습니다. 회개하니 하나님은 저의 죄를 용서하여 주었습니다!"
> 도섭이 교도소에 있는 동안 예수를 믿게 되었다. 가해자 박도섭이 피해자인 자신과 같이 기독교인이 되었다는 현실도 신애는 얼른 납득이 되지 않았다.
> "하나님이 죄를 용서해 주셨다고요?"
> "예, 눈물로 회개하고 용서받았습니다!"
>
> 황의찬, 『밧세바의 미투』, 81.

황의찬은 회개를 주제로 한 저술 『밧세바의 미투』에서 2007년에 이창동 감독이 연출한 영화 『밀양』의 한 장면을 인용했다.

신애로 분한 전도연의 외동아들이 학원장 도섭에게 유괴되어 살해당했다. 도섭은 교도소에 수감되었다. 남편에 이어 아들마저 잃은 고통 중에 신애는 기독교인이 되었다. 그리고 도섭을 용서하겠다고 면회를 청했는데, 그 자리에서 살해범 도섭으로부터 이미 회개하고 용서받았다는 고백을 듣고 아연실색한다.

영화 <밀양>에서는 이 대목을 현실성 떨어지는 어처구니없는 일로 묘사한다. 그러나 『밧세바의 미투』에서는 살인범도 회개하고 구원받을 수 있으며, 그도 천국에 들어갈 수 있다는 가능성을 적시한다. 천국은 착하게 살아서 가는 곳이 아니라 회개한 자가 가는 곳이다.

착한 사람은 과연 누구인가?

이병철 회장의 '착한 사람'에 대한 테마는 다음 질문으로 이어진다.

제13문

종교의 목적은 모두 착하게 사는 것인데,
왜 천주교만 제일이고, 다른 종교는 이단시하나?

"착하게 사는 것."

아마 이것은 이 회장의 평생 지론이었을 가능성이 있다. 12번째 질문에 이어 연거푸 '선'에 대하여 질문한다. 착함이 곧 의라는 명제 아래 종교의 목적이 '착하게 사는 것'이라는 말은 옳다. 천주교 기독교뿐만 아니라 세상에 있는 모든 종교는 선을 강조한다. 그만큼 선은 지고지순한 가치다.

사람이 신을 찾아 나서는 수행종교의 목적도 선이고, 신이 인간에게 강림하는 강신종교의 목적도 선이다. 수행종교에서는 신에게 도달하는 과정 전체가 선을 이루기 위한 고행으로 점철된다. 자기를 학대하고 자기 육신에 고통을 가하면서 신을 찾아 나선다. 선하지 못한 자신을 탓하는 것이다.

기독교는 에덴동산의 선악과 사건 이후 사람이 선하기는 불가능하다고 결론을 내린다. 그런 바탕에서 하나님은 죄인에게 의인으로 판결할 수 있는 방안을 강구한다. 하나님은 회개를 통한 가능성을 내다봤다. 성경은 회개함으로써 의인이 될 수 있다고 말한다.

> 일본 지배하에서 대륙침공의 병참기지가 된 한국은, 이루 헤아릴 수 없는 가혹한 시련을 겪어야 했다. 특히 농민의 생활은 비참하기 그지없었다.
>
> 그 참상은 당시의 조선총독부 자료에도 소상하게 기록되어 있다. 일본은 한국의 식민지적 토지 소유 관계를 확립하기 위해서 1910년 합방과 동시에 토지조사사업에 착수하여, 1928

> 년에 이 사업을 완결하였다. 이로써 막대한 토지가 조선총독부 소유로 둔갑했다.
>
> 1930년 통계에 의하면 총독부 소유의 농경지와 임야의 면적은 전 국토의 40%에 해당하는 888만 정보에 이르렀고, 이것은 동양척식주식회사를 비롯한 일본토지회사와 일본인 이민에게 무상 또는 파격적인 염가로 불하 되었다. 농민은 목숨과도 같은 농지를 수탈당했다.
>
> 이병철, 『호암자전』, 53-4.

자신이 태어난 해에 조국이 일본에 합병되었으니 이 회장의 마음은 유별하다.

일본은 조선을 침탈하면서 악을 행하고 있다고 생각하지 않았다. 오히려 그렇게 하는 것이 조선에도 이익이 된다는 자만에 차 있었다. 미개한 나라의 개화를 도우면서 일본의 이익도 추구한다는 명분으로 세계열강을 향해 으스댔다. 그때 그 일에 대한 논란은 한 세기가 지난 지금까지 한일 간에 치열하게 전개되고 있다. 일본은 일본의 기준으로 선악을 말하고, 한국은 한국의 기준으로 선악을 말한다.

인류의 역사는 선악의 문제로 대립하는 싸움의 기록이다.

전쟁은 선악의 결정권을 두고 벌이는 쟁탈전이다.

"선이다. 악이다."

이걸 누가 결정하느냐로 혼란이 시작되었다. 자신은 물론 자신이 속한 공동체의 이익을 위해서는 이 결정권을 상대에게 넘겨줄 수 없다. 주도권을 뺏기는 순간 패배자가 되며, 자칫하면 악의 축으로 전락한다. 이것이 세상이다.

이러한 세상에서 선을 부르짖으면서 종교는 출현했다. 종교의 목적은 이 회장의 지적대로 이 땅에 선을 이루는 것이다. 선을 위해서 각 사람이 혹은 단체가 어떻게 함이 옳은지를 종교는 설파한다. 종교가 없어질 것으로 내다보는 견해가 늘 틀리는 이유가 여기에 있다. 세상이 선해질 때 종교의 효용성이 떨어지고 선의 정착에 따라 종교는 사라지겠지만, 세상은 그러하지 못하다. 종교는 종말에 이르도록 세상과 동행할 것이다.

종교는 '선하라'고 외치는데, 기독교는 '회개하라'를 먼저 외친다. 회개함으로써 선에 이른다. 기독교의 독특성이다.

> 그날도 골패 노름을 하다가 밤늦게야 집으로 돌아왔다. 밝은 달빛이 창 너머로 방 안에 스며들고 있었다. 그때 나이 26세, 이미 세 아이의 아버지가 되어 있었다. 달빛을 안고 평화롭게 잠든 아이들의 모습을 바라보는 순간, 문득 악몽에서 깨어난 듯한 심정이 되었다.
> '너무 허송세월했다. 뜻을 세워야 한다.'
> 잠자리에 들긴 했으나 그날 밤은 한잠도 이룰 수 없었다. 온갖 상념이 머릿속을 스쳤다. 그리고 뜻을 굳힌 것이 사업

> 이었다. 물론 구체적인 계획이 떠오른 것은 아니었다.
> 　무엇인가 해야 한다. 독립운동. 관리. 사업 등 여러 가지가 있다. 독립을 위해서 투쟁에 투신하는 것 못지않게 국민을 빈곤에서 구하는 일 또한 시급하다. 식민지의 관리 생활이란 떳떳하지 못하다. 사업의 길을 찾는 것이 성격에 가장 알맞다. 사업에 투신하자. 나의 인생을 사업에 걸어 보자.
> 　　　　　　　　　　　　　　　　이병철, 『호암자전』, 44-5.

회개 없는 인생이 어디 있으랴.

이 회장도 인생의 중대한 고비에서 회개했다.

회개는 이렇게 자신을 뉘우치는 것이다. 자기가 잘못했다고 인정하고 마음을 돌이키는 것이 회개다. 그런데 회개에는 대단히 중요한 것이 있다. 어떤 것을 기준으로 하여 자기의 언행을 비추어 보고 회개하느냐는 것이다. 사람으로 하여금 회개케 하는 것으로는 양심이 있다. 윤리와 도덕이 있다. 법이 있다. 자기를 향한 주변 사람들의 기대도 있다. 숱한 잣대에 비추어 사람은 회개하게 된다.

기독교의 회개는 특별한 기준을 제시한다.

성경에 나오는 율법이다. 율법이란 하나님이 정한 법이다. 유대인 중에서 구약성경에 능통한 전문가들은 구약성경 맨 앞에 나오는 창세기, 출애굽기, 레위기, 민수기, 신명기에서 모두 613개 조항의 율법을 찾아냈다. 이 중에서 '하라'는 명령은 248개, '하지 말라'는 명령은 365개다. 유대인들은 이 조항을 지키기 위해 목숨을 건다. 너무 지나쳐 '율법주의'라는 부정적 용어도 나왔다.

바리새인은 율법주의에 지나치게 경도되어 목적과 수단을 바꿔치기하면서까지 하나님의 뜻을 훼파했다. 예수는 그들에게 "독사의 자식들"이라고 했다. 그러나 정작 율법에 대해서는 일점일획도 변개할 수 없다고 못 박는다.

> 진실로 너희에게 이르노니 천지가 없어지기 전에는 율법의 일점일획도 결코 없어지지 아니하고 다 이루리라(신약성경 마태복음 5:18).

기독교인이 된다는 것은 예수 그리스도의 이러한 선포를 자신에게 엄격하게 적용하는 것을 의미한다. 기독교인이 되기 전에는 마음속으로 음욕을 품거나, 형제를 미워하는 일은 밖으로 드러나지 않으니 죄라고 여기지 않았다. 죄의식조차 없었다. 그러나 그것도 죄라는 그리스도의 선언에 따라 '내가 죄인'이라고 인정하고 회개한다.

기독교의 죄에 대한 가늠자는 다른 종교보다 매우 엄격하다.

에덴동산의 선악과 사건 이후 각자가 선과 악에 대해 결정권을 행사하면서 살았으나, 기독교인으로 산다는 것은 선악과를 따 먹기 이전처럼 선악에 대한 결정권을 하나님께 일임하고 거기에 순종함을 의미한다.

"종교의 목적은 모두 착하게 사는 것인데."

종교의 목적은 모두 착하게 사는 것이다. 종교가 여럿인 이유는 모두가 착하게 되는 방식이 여럿이라고 생각하기 때문이다. 종교마다 사람이 어떻게 하면 선하게 되는지를 설파한다. 기독교는 선과 악에 대한 결정권을 자신이 행하지 말고 예수 그리스도의 결정에 맡기고 전적으로 순종하라고 강권한다.

"당신이 기독교인이라면, 지금 그렇게 하고 있는가?"

이 회장이 보는 '착한 사람'은 이 회장 나름의 잣대로 잰 착한 사람이다. 이 회장이 착하다고 지목한 사람이 다른 사람 눈에도 착한 사람일 가능성은 매우 희박하다. 자식으로서 자기의 부모는 세상에 다시 없는 '착한 분'이다.

자기 자신을 자기가 바라볼 때는 어떤가?

사람은 누구나 '세상에 나만큼 착하게 사는 사람 있으면 나와 보라고 해' 하면서 산다. 이쯤 되면 착하지 않은 이는 한 사람도 없다. 착한 사람 논란은 관점의 문제로 귀착한다. 자신이 자신을 평가하는 관점은 인정받을 수 없다. 자식으로서 부모를 평가하는 관점 역시 인정받지 못한다. 자기 친구나 자기가 잘 알고 지내는 사람에 대한 평가 역시 객관성이 없다. 학연 지연 혈연 모두 객관성을 저해한다. 자국 우선주의도 옳지 않다. 자기 세대 우월성도 버려야 한다.

과연 누가 착함을 평가해 줄 때 아무도 부정하지 못하는 절대성이 보장될까?

공자나 석가모니, 소크라테스가 평가한다면 객관성이 담보될까?

아니다. 그럴 수 없다. 이는 가능하지도 않다. 한평생 살고 숨을 거두는 존재이니 평가자로 고려할 가치도 없다. 평가의 절대성을 위해서는 반드시 절대자가 있어야 한다.

무종교 주의자들은 종교 없어도 착하게만 살면 된다고 흔히 말한다. 그러나 누구로부터 착함을 인정받아야 하는지에 대해서 입을 다문다. 윤리나 도덕에 비추어 착하면 되지 않냐고 하지만 윤리 도덕 및 법은 시대와 지역에 따라 편차를 드러낸다. 절대 기준이 있어야 한다.

성경은 캐논이다. 캐논은 잣대를 의미한다.

하나님은 성경을 기준으로 선인과 악인을 분별한다.

창조주 하나님이 '착하다'고 인정하면 그는 비로소 의인이 되어 창조주가 예비한 천국의 시민권자가 된다. 기독교가 기독교만이 제일이라는 배다성을 드러내는 것은, 의인으로 인정하는 주체로서 창조주 하나님만이 유일하기 때문이다.

제14문

인간이 죽은 후에 영혼은 죽지 않고,
천국이나 지옥으로 간다는 것을 어떻게 믿을 수 있나?

"저곳이 자리가 좋다. 앞에는 물이 흐르고, 뒷산도 아늑하다. 저만하면 여름에 시원하고 겨울에는 따뜻하겠다."

그로부터 20여 년이 흐른 지금, 비록 호암은 세상에 없지만, 그가 한국경제에 남긴 발자취는 여전히 굵고 깊다. 호암은 모두가 힘들고 어려웠던 시절 남다른 식견과 강한 의지로 한국경제와 산업을 든든한 바탕 위에 올려놓은 인물이다. 호암, 그는 여전히 살아 있는 신화다. 거대한 신화다.

김찬웅, 『이병철 거대한 신화를 꿈꾸다』, 252-3.

사후 육신은 생전의 자기 뜻으로 정한 장소에 묻힐 수 있지만, 영혼은 누구도 자기 뜻대로 못한다. 이 회장은 용인에 자연농원을 조성하면서 자신이 나중에 묻혔으면 좋을 맞춤한 곳을 발견했다. 그리고 장남에게 지정해 주었고, 그 말이 유언이 되어 그대로 준행되었다.

2010년에 일본 기자 야마쟈키 가쓰히코와 한국의 김찬웅은 이 회장의 탄생 100주년을 기념하여 나란히 이 회장을 기리는 책을 펴냈다. 야마쟈키 가쓰히코는 『크게 보고 멀리 보라』는 제목으로, 김찬웅은 『이병철, 거대한 신화를 꿈꾸다』라는 제목으로 책을 펴냈다.

'호암, 그는 여전히 살아 있는 신화다. 거대한 신화다'

제목에서도 그렇고, 이렇게 성급하게 신화 운운하는 것은 아쉽다. 한국의 무당 중에는 신내림 굿을 할 때 친척이나 특정한 인물의 신을 자기의 '몸주신'으로 받아 섬기는 사례가 있다. 이들이 주로 섬기는 신으로 최영 장군, 명성황후, 박정희 전 대통령 등이 있다. 대부분 한 맺힌 죽임을 당한 위인들이다. 이병철 회장이야 그렇지 않지만, 자칫 무당의 '몸주신'으로 등장하지나 않을지 저어된다.

사람이 영혼의 세계를 인식하는 방식은 참으로 다양하다.

구약성경에 보면 이스라엘의 초대 왕 사울이 무당을 찾아가는 장면이 나온다(사무엘상 28장). 사울은 하나님의 선택으로 왕이 되었지만, 온 국민의 사랑이 자기를 떠나 다윗에게 쏠리는 것을 보고 격한 분노에 휩싸인다. 그때부터 사울은 다윗을 제거하려는 마음에 사로잡혔다. 국사도 소홀히 하고, 하나님께 올리는 제사도 대충 한다.

전쟁을 앞두고 사울 왕이 하나님께 기도하지만, 하나님의 응답을 듣지 못한다. 그러자 사울이 무당을 찾아 나섰다. 무당을 만나 얼마 전에 죽은 선지자 사무엘의 영을 불러 달라고 요청한다. 무당이 불러낸 '사무엘'은 그 전쟁에서 일어날 일을 사울에게 예언한다. 그 예언대로 전쟁통에 사울과 그의 네 아들이 전사한다.

이 대목에 대한 해석은 분분하다.

이미 죽은 사무엘이 무당의 호출에 나왔다는 것도 그렇고, 사무엘의 영이 전쟁에서 벌어질 일을 정확하게 맞혔다는 점을 들어 무당의 신통력을 성경도 인정한다고 주장하는 이들도 있다. 그러나 이 대목은 성경이 일관되게 주장하는 영혼의 세계와 맞지 않는다. 한번 죽은 사람의 영혼은 살아 있는 이들의 세계에 등장할 수 없다.

그런데 사울이 찾아간 무당은 죽은 사무엘의 영혼을 불러내어 사울 왕에게 미래를 예언했고 그 예언이 들어맞았다. 이는 고대 시대에 횡행하던 무당의 악한 행습을 성경에 기록함으로써, 영혼에 대하여 세상 사람들이 잘못 알고 있음을 들추어내기 위해서다. 창조주 하나님이 영이시니 그로써 일어나는 불가피한 현상이라 할 수도 있다.

하나님은 거기서 옳은 길로 돌아서라고 사람에게 성경책을 전했다.

영의 일을 사람에게 전하는 일이 얼마나 어려우면 전지전능한 하나님이 무려 1천 6백여 년을 소모했을까?

하나님은 이스라엘이라는 작은 민족을 선택하여 그들의 역사 속에 자기를 계시하는 방식을 선택한다. 이스라엘을 제사장 나라로 삼아 하나님과 어떻게 교제하는지를 세상에 보이고자 했다. 이스라엘의 역사가 성경에 들어 있는 이유다. 육신을 가지고 사는 인간에게 영적 이야기를 전하는 일이 쉬울 수 없다.

> 아버지는 요즘은 우리나라에서도 비교적 쉽게 볼 수가 있지만, 당시는 수입도 제대로 되지 않던 자몽을 좋아했다. 그러나 과일가게나 시장에 가본 적이 없었으니 어디서나 자몽을 구할 수 있는 것으로 알고 있었다.
>
> 그래서 무심코 '자몽을 먹고 싶다'고 한 적이 있었다. 만약 구하기 힘든다면, 그대로 보고를 하면 될 것을 그것 때문에 비서실에서는 야단이 났다.
>
> 아무리 애써도 국내에서는 그걸 구하기 힘들어서 결국 동경지사에까지 연락해서 비행기로 공수를 해 왔다.
>
> 아버지는 그런 사정은 알 턱이 없이 매일 아침 그걸 하나씩 들었다. 내가 옆에 있다가 '아버님, 지금 드시는 것 어떻게 구

> 한 건지 아십니까?'라고 했더니 '시장에서 샀겠지…'라고 무심결에 넘겼다.
>
> 그제서야 내가, 그걸 구하려고 동경까지 연락했다고 말씀드렸더니 그날 이후로는 그 과일을 절대 입에 대지 않았다.
>
> 이맹희, 『묻어둔 이야기』, 274.

'과일가게나 시장에 가본 적이 없었으니.'

꼭 이 회장이 아니더라도 이렇게 살아가는 이들이 많다. 특히 남편들은 아내의 가사노동에 대해서 잘 모를뿐더러 굳이 알려고도 않는다. 매양 그러려니 하면서 넘긴다.

영혼이나 천국과 지옥에 대해서 둔감한 사람들은 평생 관심조차 기울이지 않고 살아간다. 거리에 나서면 교회가 '두 집 건너' 있지만 교회가 영혼, 천국과 지옥을 주제로 모이는 공동체라는 것을 모르고 살아가는 이들이 부지기수다.

이 회장은 매일 아침 비서실에서 대령하는 자몽을 맛있게 먹으면서, 시장에서 자몽을 쉽게 사 오는 줄 알았다가, 장남이 '일본에서 비행기로 공수해 온다'라는 한마디에 실상을 알아채고 자몽을 멀리했다.

영혼, 천국, 지옥에 관해서도 이렇게 쉽게 이해시킬 수는 없을까?

이 회장은 장남 맹희가 자몽에 대해서 말해 주듯이 하나님, 교회, 영혼, 천국, 지옥에 대하여도 시원스럽게 말해주기를 바라고 있다. 그러나 자몽 이야기처럼 단순하지가 않으니 문제다.

누가 대답을 해주랴.

> 예수께서 이르시되 내가 진실로 네게 이르노니 오늘 네가 나와 함께 낙원에 있으리라(신약성경 누가복음 23:43).

예수의 사형 집행은 인류역사상 가장 극악무도한 사형 제도인 로마의 십자가 사형 제도에 따랐다. 로마는 사통팔달 대로변에 십자가를 세우고 거기에 사형수를 매달았다. 사형수에게는 고통을 극대화하고, 오가는 시민에게는 구경거리로 제공했다. 가장 빨리 숨을 거두게 하는 시혜(?)는 체중을 떠받치는 정강이뼈를 부러뜨리는 것이다. 그러면 양팔에 체중이 실려 호흡곤란으로 이내 숨을 거두지만 이마저 인색했다.

이스라엘 갈보리 산에 세 남자가 알몸으로 나란히 못 박혔다. 예수가 가운데 십자가에 달렸다. 양편의 사형수 중 한 명이 예수를 비웃었다.

"네가 그리스도라면 우리 셋 다 같이 살자, 왜 그걸 못하냐?"

예수는 고통 중에 침묵했지만, 다른 쪽 사형수가 간섭했다.

"너와 나는 죽어 마땅하지만, 예수는 무흠하다!"

그리고 예수에게 탄원했다.

"예수여, 당신의 나라에 임하실 때에 나를 기억하소서."

이에 예수가 대답한다.

"오늘 네가 나와 함께 낙원에 있으리라"

이 회장의 질문에 이보다 더 확실하고 분명한 대답이 또 있을까?

십자가 위에서 세 명의 사형수가 천국 길, 지옥 길이 어떻게 나뉘는지, 자기 영혼을 위해서 살아 있는 동안에 무엇을 해야 하는지 극적으로 보여 준다.

사울 왕은 신접한 여인이 죽은 사무엘의 영혼을 불러내면 자기가 신탁을 받을 수 있으려니 믿었다. 겉보기에는 뜻을 이룬 것 같았으나 그것은 하나님이 하신 일이 아니다. 무당이 부른다고 죽은 사람의 영혼이 오지 않는다. 무속 춤판에서 벌어지는 무당과 영혼과의 가면극은 연출자가 따로 있다.

하나님은 휘하에 천사도 거느리고 사탄도 거느린다. 사탄의 임무는 참소하는 일이다.

> 참소자는 '지금 환경은 사람들이 전능자를 사랑하는 쪽으로 기울어져 있다'고 전능자에게 지적한다. 또한, 전능자에게 사랑을 고백한 이들의 진정성에 대하여, '그것은 그 사람의 조건에서 비롯했지, 순수한 마음에서 시작된 게 아니다'라고 끊임없이 주청을 한다. 그리고 참소자는 전능자에게 사랑을 고백한 자들에게 접근하여 '너의 그 사랑은 진짜가 아니다'라고 트집을 잡으면서 시험을 한다.
>
> 황의찬, 『붕어빵』, 195.

하나님께 참소하는 자는 사탄이다.

사탄은 하나님을 사랑한다는 이들이 진정으로 사랑하는지 아닌지 끊임없이 시험한다. 사울 왕이 하나님의 선택으로 이스라엘의 첫 번째 임금이 된 이후 사탄은 끊임없이 사울을 시험했다. 사울이 신접한 여인을 찾았을 때 사무엘의 영혼을 가장하여 예언한 것도 사탄의 궤계다. 거기에 사울이 넘어갔다.

갈보리 산 십자가 위 강도 한 명도 사탄의 충동질에 넘어갔다. 십자가에 못 박혀 곧 숨이 떨어진다. 이쯤에서는 완악함을 버릴 만도 하건만 끝까지 뒤틀린 성깔을 내려놓지 못했다.

'까짓것 질러 봐! 평생 그렇게 살았는데 지금 돌아선다고 뭐가 달라져?'

굴복하면 신천지가 보이는데, 그게 죽기보다 싫다. 함께 숨넘어가는 예수에게 비아냥거렸다. 평생을 그렇게 살았다. 사탄의 충동질을 끝내 이기지 못했다. 예수 양편의 두 사형수는 똑같은 죄질의 범죄자다. 그러나 하나는 끝까지 내질렀고, 하나는 죽음 목전에서 평생 버리지 못한 죄악 된 성정을 슬며시 내려놓고 순복했다.

두 사람의 영혼이 한 곳으로 갈 수야 없지 않은가?

제15문

신앙이 없어도 부귀를 누리고,
악인 중에도 부귀와 안락을 누리는 사람이 많은데,
신의 교훈은 무엇인가?

공장이 완공되자 이승만 대통령이 제일모직을 방문했다.

"애국적 사업이야. 이처럼 자랑스러운 공장을 세워줘서 감사해요. 제일모직의 노력으로 온 국민이 좋은 국산 양복을 입게 되었어요."라면서 감격한 표정을 지은 후, 의피창생(衣被創生: 옷이 새로운 삶을 만든다)이라는 휘호를 써 주었다.

- 중략 -

이병철은 제일제당과 제일모직 단 두 기업의 성공으로 전국 납세액의 4%를 내는 국내 최고의 부자가 되었다. 제일모직은 마침내 한국 시장에서 외제 양복 지를 몰아내고 국민 의류생활에 새바람을 불어넣었으며 당시에 연간 250만 달러에 달하는 막대한 외화를 절약하는 쾌거를 이루었다.

홍하상, 『이병철에게 길을 묻다』, 141-5.

1958년에 이승만 대통령은 외국산 양모의 수입을 전면 금지시켰다. 연간 600만 파운드에 달하는 금액이 영국제 순모 수입에 지출되기에 마땅한 일이었지만, 이 조치는 제일모직을 파격적으로 지원한 결과를 가져다주었다.

설령 그렇다 쳐도 제일제당과 제일모직 단 두 개 기업이 전국 납세액의 4%에 달하는 금액을 냈다니 경이롭다. 1960년 한국 인구는 2천5백만 명이다. 이 중 4%면 딱 1백만 명이다. 인구 1백만 명에게 부과될 세금액을 제일제당, 제일모직 두 기업이 납부했다.

예수 그리스도는 물고기 두 마리와 떡 다섯 덩이로 오천 명을 먹이고 열두 광주리를 남겼다. 이병철 회장은 두 개의 기업을 설립해 1백만 명의 국민이 내야 할 세금을 냈다. 세상이란 믿기 어려운 일들이 일어나는 곳이다.

"신앙이 없어도 부귀를 누리고."

부귀란 '재산이 많고 지위가 높음'을 이르는 말이다. 이승만 대통령은 지위는 높았지만, 재산은 이 회장에 못 미쳤다. 그가 누린 부귀는 풀잎 끝에 맺힌 이슬방울과 같았다. 잠깐 부귀를 누리다가 불행한 말년을 보냈다.
이 회장은 재산은 많았지만, 지위는 대통령에 이르지 못했다. 그러나 준공식에 대통령이 참석하여 친필 휘호를 내릴 정도면 낮은 지위도 아니다. 이 회장은 한국에서 몇 안 되는 부귀를 누린 이들 중 한 사람이다. 남이 보면 그렇지만 스스로 부귀를 누렸다고 말하는 사람은 없다.

"악인 중에도 부귀와 안락을 누리는 사람이 많은데."

제2차 세계대전의 전범자 '아이히만'이 뜻밖에도 평범한 시민 중 한 사람이었다고 해서 전 세계에 충격을 주었다. 아이히만은 히틀러를 포함하여 제2차 세계대전 중 부귀와 안락을 누린 악인에 속한다.

이들은 악에 대하여 응징을 받는다. 이 회장이 보기에는 이들과 달리 응징도 안 받고 '부귀와 안락을 누리는 악인'이 있다는 뜻이다. 신은 왜 그들을 벌하지 않는지 묻는다.

> 서울로 올라가는 날, 아버지는 함안역까지 호암을 바래다주었고, 서울에 가면 조심해야 할 일들을 자세히 일러주었다.
> - 중략 -
> 수송보통학교를 4학년까지 다닌 호암은 보통학교 과정을 빨리 끝내고 중학교에 들어가고 싶은 욕심에 중동중학교 속성과로 옮겼다. 그때 아버지는 호암에게 '사필귀정 事必歸正: 모든 일은 반드시 바른길로 돌아간다는 뜻'이라는 글귀를 풀이해 주었다.
> "어떤 일이든 성급하게 하지 마라. 무리하게 일을 처리하려고 해서는 안 된다."
> 호암은 그 말을 마음 깊이 새겼다.
> 김찬웅, 『이병철, 거대한 신화를 꿈꾸다』, 101.

열한 살에 보통학교 입학 이후 이 회장은 한 학기를 다니고 서울로 유학을 원했다. 옮겨 간 수송보통학교에서 졸업도 하지 않고 중학교로 월반하겠다고 한다. 아버지는 뜻을 다 들어주면서 아들에게 사필귀정을 가르치고 성급하지 말라고 당부했다.

"모든 일은 반드시 바른길로 돌아간다."

그래서 '바르게 살아야지' 하고 다짐한다. 그러나 예외가 있다. 아무리 봐도 악인인데 형통하고 부귀안락을 계속 누리고 있다. 이렇게 불공평한 세상사는 누가 바로잡아야 하는지 사람들은 신에게 여쭌다.

세상에는 인간의 악행으로 인한 선인들의 희생도 있지만, 자연재해로 인하여 어린아이와 노약자가 희생하는 사건도 있다. 이 문제를 흔히 '악과 고통의 문제'라 한다. 기독교인 중에는 악과 고통의 문제에 대한 하나님의 대답을 구하다가 납득할 만한 대답을 듣지 못하여 자기의 신앙을 저버리고 돌아서는 이도 있다.

> 다 그런 것은 아니지만, 간혹 세간에 보면 악한이 대박을 터뜨리고 착하디착한 사람은 늘 쪽박을 차는 현실을 목도하게 된다. 이것은 전능자의 존재를 부인하는 측에서 즐겨하는 질문거리이다.
>
> '전능자가 있다면, 어찌 악인이 형통하고 의인이 고통을 받느냐?'
>
> 전능자를 옹호하던 입장에 선 사람들은 이 질문 앞에서 주춤거린다. 얼른 맞받아칠 논리가 궁색하다. 마치 '전능자는 자기가 들 수 없는 바위를 만들 수 있느냐?'는 질문 앞에서 당황하는 것과 같다.
>
> 황의찬, 『붕어빵』, 198-9.

'전능자'는 하나님이다.

기독교에서 하나님의 속성을 드러내는 대표적 명칭 중 하나가 전능자다.

하나님이 선하고 전능하다면, 악한 자가 형통하고 선한 자가 고통당하는 세상은 이치에 어긋난다. 하나님은 사필귀정의 하나님이어야 한다. 이 회장이 어린 시절 아버지에게 들은 사필귀정의 교훈을 간직하고 살아왔는데 말년에 이르고 보니 그렇지 않다면, 하나님의 섭리와 경륜은 온당치 않다.

황의찬은 『붕어빵』에서 이에 대해 답을 시도한다.

하나님은 이 세상을 감동이 이끌도록 섭리했다. 감동이 세상을 움직인다. 감동은 한계를 뛰어넘는 인고의 담금질 끝에서 나온다. 누구나 할 수 있는 평이한 것으로는 주목받지 못한다. 그래서 너나없이 땀을 쏟으며 세상을 살아간다. 하나님이 사람 사는 세상을 이렇게 설계했다. 세상을 이렇게 연출한 하나님께 감히 여쭌다.

자신이 창조한 사람들은 '감당 못 할 바위'를 양어깨에 짊어지고 살도록 섭리해 놓고, 정작 창조자는 구경만 한다면 이치에 어긋난다. 하나님도 자기의 전능성을 초극하는 뭔가를 내놓아야 경우에 맞다. 외람되지만 그것이 알고 싶다.

하나님은 사랑이심이라(신약성경 요한일서 4:8).

사랑에는 두 측면이 있다. 사랑하기와 사랑받기다. 사랑하기는 '내가 맘먹기'에 달렸고 사랑받기는 '네가 맘먹기'에 달렸다. 상대가 나를 사랑하도록 강제할 수 없다. 강제하여 얻은 것은 사랑이 아니다. 하나님의 전지전능도 여기서는 무용지물이 된다.

'부모를 사랑하라'고 강압함으로써 자녀가 부모에게 행한 것은 복종이지 사랑이 아니다. 또한, 사랑받아 보겠다고 아들의 요구를 들어줌으로써 받은 것도 사랑이 아니다. 조건반사다. 만일 하나님이 사람을 창조할 때 사람은 누구나 하나님을 사랑하도록 장치를 했다면, 그것은 프로그래밍에 따른 기계적 반응이지 사랑이 아니다. 사랑받기는 전능자 하나님에게도 '들지 못하는 바위'다.

하나님은 사랑하고 사랑받기 위하여 세상을 창조했다. 하나님은 천지창조에서 '전능자인 자기도 들지 못하는 바위'를 상정했다. 이렇게 창조한 이상 파도가 배를 뒤집어도 하나님은 놔두어야 한다. 하나님이 전능함으로써 그 배를 건져 올리고, 그 배에 탄 이들에게 '어떤 것'을 받았다면, '어떤 것'은 사랑이 아니다. 반대급부다.

전쟁이 일어나 총탄에 죽어 가는 사람도 하나님은 두고 볼 수밖에 없다. 만일 전능함으로 총알을 녹여 버린다면 결국 전쟁은 사라지겠지만 거기서 얻어지는 평화는 꿀벌이나 개미들 세계의 평화로 전락한다. 신앙 없이 부귀를 누리고 악인이 부귀를 누려도 하나님은 사랑받기를 포기하지 않는 한 두고 볼 수밖에 없다.

하나님이 사람을 파트너로 사랑하고 사랑받기를 시도했기 때문에, 사람에게만 악과 고통의 문제가 있다. 악과 고통이 없는 세상은 동물의 왕국이다. 뜻을 다 받아 주다가 자식을 망치는 어리석은 부모가 되지 않으려면 피눈물을 삼키면서 자식이 고생하는 것을 지켜봐야 한다.

하나님이 도탄에서 건져 주지 않아도, 불행을 행복으로 바꿔 주지 않아도, 생명을 앗아 가더라도 '하나님 사랑합니다' 했다면 그것이 진짜 사랑이다. 그러면 도대체 무엇 때문에 전능자 하나님을 사랑하느냐고 묻지 않을 수 없다.

이 질문에는 '왜 부모에게 효도하느냐'는 질문으로 대답할 수 있다.

부모가 자식에게 무거운 짐 덩어리가 되고, 부모가 온갖 패악질로 자식의 앞길을 가로막아도, 부모가 사기꾼이고 흉악한 범죄자가 되었을지라도, 자식으로서 사랑한다고 말할 때, 그것이 '사랑'이다.

이 모두가 '사랑받기'라는 '전능자도 들지 못하는 바위'를 기초로 창조주가 세상을 설계했기에 비롯되었다. 사람에게도 전능자에게도 '사랑받기'는 아직까지 미해결 과제다. 양자 모두 사랑받기를 하염없이 기다린다. 그런데도 그 일로 하나님을 원망하지 않는다. 왜냐하면, 하나님이 창안한 사랑이 너무 위대하기 때문이다. 세상에 사랑보다 더 위대한 것은 없다.

사랑받기를 시도했기에 하나님은 하나님답다.

사람도 사랑받기를 시도할 때 사람답다.

한 부자가 있어 자색 옷과 고운 베옷을 입고 날마다 호화롭게 즐기더라 그런데 나사로라 이름하는 한 거지가 헌데 투성이로 그의 대문 앞에 버려진 채 그 부자의 상에서 떨어지는 것으로 배불리려 하매 심지어 개들이 와서 그 헌데를 핥더라 이에 그 거지가 죽어 천사들에게 받들려 아브라함의 품에 들어가고 부자도 죽어 장사되매 그가 음부에서 고통 중에 눈을 들어 멀리 아브라함과 그의 품에 있는 나사로를 보고 불러 이르되 아버지 아브라함이여 나를 긍휼히 여기사 나사로를 보내어 그 손가락 끝에 물을 찍어 내 혀를 서늘하게 하소서 내가 이 불꽃 가운데서 괴로워하나이다 아브라함이 이르되 얘 너는 살았을 때 좋은 것을 받았고 나사로는 고난을 받았으니 이것을 기억하라 이제 그는 여기서 위로를 받고 너는 괴로움을 받느니라(신약성경 누가복음 16:19-25).

부자와 거지가 있었는데 둘 다 죽어서 영혼이 하늘나라에 갔다. 심판을 통해서 거지 나사로는 천국에 가고 부자는 지옥에 갔다. 그런데 누가복음의 본문에는 두 사람의 선악에 대한 언급이 없다. 부자가 악했다든지, 거지가 선했다든지 하는 말이 없다. 또 두 사람의 신앙에 대해서도 정보가 없다. 거지는 예수를 믿고, 부자는 안 믿었다고 하면 얼른 이해할 수 있을 터인데 그에 대해서도 가타부타 말이 없다.

단지 하나님이 심판을 통하여 천국과 지옥으로 나누는 기준에 '고난의 총량'이 있음을 보여 준다. 하나님은 누구나 누려야 할 '부귀의 총량' 누구나 받아야 할 '고난의 총량'을 균등하게 배분하는 모습을 드러낸다. 25절을 다시 한번 보자.

아브라함이 이르되 얘 너는 살았을 때 좋은 것을 받았고 나사로는 고난을 받았으니 이것을 기억하라 이제 그는 여기서 위로를 받고 너는 괴로움을 받느니라(신약성경 누가복음 16:25).

이것도 사필귀정이다. 사람은 다 똑같아야지 누구는 좋은 것만 받고 누구는 고난만 받아서는 안 된다. 예수 믿었다고 해서 좋은 것을 받고, 안 믿었다고 해서 고난을 받아도 사필귀정이 아니다. 그러면 도대체 하나님은 천국과 지옥을 어떻게 나누는가 하는 문제로 귀착한다.

성경은 예수 믿으면 천국, 안 믿으면 지옥이라는 기조를 천명한다. 앞으로도 이는 변하지 않을 것이다. 그런데 여기에 '부귀와 고난의 총량'이라는 문제가 있다.

고난을 피하는 길은 '사랑하기와 사랑받기'를 포기하는 길이다.

그걸 포기하지 않고 차마 견디기 힘든 고통을 당하면서 살아온 사람에게 하나님이 '부귀의 총량'으로 보상한다면 그것도 사랑이 아닐 터이다. 하나님은 그래서 새 하늘 새 땅 곧, 천국에서는 '자기도 들지 못하는 바위' 섭리를 적용하지 않는다. 그리고 감당 못 할 바위, 사랑으로 인해 고난받은 자에게 '부귀의 총량'으로 보상한다. 그 천국이 있으니 이 땅에서는 들지 못하는 바위를 기꺼이 짊어진다.

제16문

성경에 부자가 천국에 가는 것을
약대가 바늘구멍에 들어가는 것에 비유했는데,
부자는 악인이란 말인가?

> 다시 너희에게 말하노니 낙타가 바늘귀로 들어가는 것이 부자가 하나님의 나라에 들어 가는 것보다 쉬우니라 하시니(신약성경 마태복음 19:24).

'사람 앞에서는 웃고, 하나님 앞에서는 울라!'

이 회장의 질문을 접하고 답을 하고 싶은 충동이 일었다. 이미 출판된 답변서를 보니 이 회장의 삶과는 무관하게 질문 그 자체만을 두고서 대답을 시도한 책들이었다. 그러나 목회자로서, 이 질문지를 가지고 자신을 찾아온 이가 있다면 어떻게 해야 할지를 생각했다. 상담자는 내담자가 왜 이 질문을 하게 되었는지를 먼저 헤아려야 한다. 그래야 바른 답이 된다.

이 회장의 질문에 답하기 위해서 이 회장의 삶의 궤적을 추적해 보기로 했다. 자료는 많았다. 본인이 남긴 자서전도 있고 주변에서 쓴 평전도 많았다. 하나하나 살피는 가운데 이 자료들의 집필 원칙을 하나 발견할 수 있었다. 바로 위에 쓴 '사람 앞에서는 웃고, 하나님 앞에서는 울라'는 말이다.

이 회장의 자서전은 '사람 앞에서 웃는 책'이다.

이 회장의 평전을 쓴 이들도 대부분 사람 앞에서 웃는 책으로 집필했다. 사람 앞에서 웃으려면 자랑을 해야 한다. 수치를 이야기하면서 웃는 사람은 없다. 그래서 자서전은 물론이고 어떤 인물에 대하여 펴내는 책은 대개 '자랑'으로 내놓는다. 그러나 그 자랑도 잘 헤아려 읽으면, 그 속에 하나님 앞에서 우는 소리를 들을 수 있다. 엉엉 우는 소리가 들린다. 고통에 몸부림치면서 통곡하는 소리가 들린다.

이 회장은 사람을 시켜서 질문지를 가톨릭 신부에게 보냈다. 그 이전에는 개신교의 목사에게도 보냈던 것으로 알려졌다.

사실 질문지 자체가 하나님 앞에서 우는 소리가 아닌가?

이 회장이 재산으로는 한국에서 제일가는 부자임이 틀림없다. 그러나 그가 받은 고난의 총량도 한국에서 둘째가라면 서운할 지경이다. 6·25, 4·19, 5·16, 10·26, 5·18을 거쳐 오면서 가진 재산의 전부 혹은 상당 부분을 공산당, 혁명 세력, 쿠데타 세력, 신군부에 의해서 강탈당한다.

1950년 6월 25일 공산당이 38선을 밀고 내려왔다.

전쟁이 나면 누구나 마찬가지지만 이 회장은 이때 전 재산을 공산당에게 강탈당한다. 이 당시 이 회장은 서울에 대부분의 기업체를 두고 있었다. 전쟁은 낙동강 이북을 철저히 유린했으니 삼성이 예외일 수 없었다.

6·25 끝나고 이 회장은 대구에 설립했던 주조공장에서 나온 이윤을 종자 돈으로 전쟁의 폐허를 딛고 다시 일어설 수 있었다. 제일제당, 제일모직을 필두로 의욕적인 사업 전략을 폈다. 전후 10년 만에 다시 한국 제일의 기업가가 되었다.

1960년 4월 19일 혁명이 터졌다.

혁명으로 들어선 임시정부는 규모가 큰 기업 순으로 50여 개를 선정하여 '부정축재'로 여론몰이했다. 최종적으로 50여 개 회사에 추징금 200억 환을 부과했다. 200억 환 중 삼성계열 6개사에 할당된 금액은 50여억 환에 달했다.

1961년 5월 16일 군사쿠데타가 발발했다.

박정희의 국가재건최고회의는 쿠데타의 당위성 확보를 위해 대기업을 부정축재 원흉으로 지목했다. 불과 1년 전 4·19혁명으로 들어선 임시정부의 조치를 그대로 답습했다. 국가재건최고회의는 부정축재에 대한 추징 벌과금을 27개 기업을 대상으로 총금액 378억 8백만 환을 통고했는데, 삼성에 부과된 금액은 103억 4백만 환으로 전체의 27%였다. 삼성은 부과된 금액을 모두 납부하고 부정축재의 오명을 벗는가 했지만, 여론은 늘 싸늘하기만 했다.

이 회장은 오뚜기다.

아랑곳하지 않고 다시 창조적 충동에 기꺼이 몰입했다.

한국 현대사의 굴곡마다 국민 여론을 무마하기 위한 방책으로 기업을 희생양으로 삼는데 삼성이 그때마다 첫손가락에 꼽혔다. 5·16 이후 20여 년간 이 회장은 타오르는 열정으로 '사업보국'의 길을 걸으며 숱한 굴곡을 지났지만, 역사의 소용돌이는 멈추지 않았다. 박정희 대통령의 사망에 이어 신군부가 들어섰다.

1980년 5월 18일 광주민주화운동이 터졌다.

전두환의 신군부는 언론 통폐합을 단행했다. 이 회장은 1964년에 라디오 서울이라는 방송사를 설립하여 나중에 동양방송(TBC)으로 키웠다. 16년간 정성을 쏟은 동양방송이 KBS에 흡수통합되었다. 자본주의 시장경제 원칙에 따른 소유권 이전이 아니다. 군부의 총칼 앞에 아무 소리 못 하고 내놓아야 했다.

이것이 한국의 부자 이병철이 당한 굵직굵직한 고난이다.

물론 고난의 모든 원인이 자기 밖에만 있지는 않았다.

일정 부분 자기 자신에게도 있다. 목회적 관점에서 바라볼 때 고난의 원인이 이 회장의 인격에 기인하는 경우도 적지 않다.

이 회장은 결정하고 선택해야 하는 순간에 단독결정을 주로 했다. 단독결정에서 '단독'은 '독단'과 통하는 말이다. 그러나 이것은 대그룹의 총수에게 보편적으로 드러나는 현실이다. 그렇게 결정하지 않고는 거대한 조직을 이끌어 나가지 못한다.

안타까운 것은 조직을 운영하기 위한 단독결정의 습관은, 가정사에서도 그대로 재현되었다는 점이다. 그러나 여기에 단서를 하나 붙여야 한다. 세상에 그만큼의 흠도 없이 산 사람이 어디 있으랴!

목사의 눈에 이 회장의 고뇌 백 가지가 보였다면, 하나님의 눈에는 수천수만 가지가 보였을 터이다. 그럼에도 그가 부자이니 낙타 등에 태워 바늘귀로 통과하라고 한다면, 하나님은 눈물도 없는 분이다.

앞 질문에 답하면서 인용했던 누가복음 16장의 거지 나사로와 부자 이야기는 하나의 전형이다. 모든 부자 모든 거지에게 기계적으로 대입해야 하는 철칙이 아니다. 부자도 부자 나름이고 거지도 거지 나름이다. 하나님은 거지의 웃음에도 부자의 눈물에도 귀 기울이는 분이다.

> 삭개오가 서서 주께 여짜오되 주여 보시옵소서 내 소유의 절반을 가난한 자들에게 주겠사오며 만일 누구의 것을 속여 빼앗은 일이 있으면 네갑절이나 갚겠나이다 예수께서 이르시되 오늘 구원이 이 집에

이르렀으니 이 사람도 아브라함의 자손임이로다 인자가 온 것은 잃어버린 자를 찾아 구원하려 함이니라(신약성경 누가복음 19:8~10).

삭개오는 부자다.

그가 부자가 된 원인은 그의 직업이 세리장이라서다. 예수님 당시 세리는 동족 유대인들로부터 세금을 거둬 로마에 납부하고 남는 것을 자기가 취하는 직책이다. 세리치고 부자 아닌 자가 없었고, 그들은 동족의 피를 빠는 흡혈귀. 성경에서 말하는 전형적인 부자다.

예수 당시의 부자와 현대의 부자 사이에는, 마치 거지 나사로와 부자 사이에 있던 구렁텅이 만큼이나 깊은 세월의 간극이 있다. 물론 오늘날에도 고민하는 소쿠라테스가 아니라 허구 헌날 쾌락만 좇는 살진 돼지와 같은 부자도 존재한다. 그들이 구원받고 천국에 가는 일은 낙타가 바늘귀로 통과하는 것보다 더 힘들 것이다.

부자에 대한 기준도 감안 해야 한다.

6·25 직후 한국인의 일인당 소득은 67달러였다. 그때는 일 년에 1,000달러만 벌어도 부자였다. 그때라고 한국에 부자가 없었겠는가. 이 회장이 작고하던 1987년에는 일인당 소득이 18,235달러였다. 이를 1953년을 기준으로 잡으면 1987년 현재 한국인치고 부자 아닌 사람이 한 명도 없다.

삭개오는 예수 앞에서 자기 소유의 절반을 가난한 자들에게 주겠다고 다짐했다. 그리고 만일 누구를 속이고 뺏은 것이 있다면 네 갑절로 갚겠다고 했다. 예수는 그 자리에서 삭개오가 구원받았다고 선포한다.

다짐만 했지 아직 실행에 옮기지도 않았는데 예수께서 조금 성급했던 것이 아닐까?

예수 앞에서 호언장담하고 돌아서서 실행하지 않으면 어떻게 될지 궁금하다. 어쩌면 예수는 그럴지라도 삭개오에 대한 구원을 철회하지 않을 것이다. 그런 마음을 갖게 된 것에 의미가 있기 때문이다. 삭개오가 약속한 그대로 지켰으리라고 기대하기 어렵다. 그게 어디 보통 일인가. 삭개오가 나중에 어떻게 했는지에 대해서 성경은 침묵한다.

오늘날 기독교인 중에서도 삭개오와 같은 이들이 많다.

처음 예수 믿고 감동되었을 때는 벼라별 약속을 다 한다. 그러나 그대로 지키지 못하면서 새벽마다 울면서 기도하는 사람들이 한국교회에 많다.

예수가 예루살렘과 갈릴리를 두루 다니던 그 시대에 이병철 회장이 살았더라면 이 회장은 뽕나무에 올라갔을까?

이병철 회장도 삭개오같이 키가 작았는데…

하나님은 거지의 웃음에도
부자의 눈물에도
귀 기울이는 분이다.

제17문

이태리 같은 나라는 국민의 99%가 천주교도인데,
사회 혼란과 범죄가 왜 그리 많으며,
세계의 모범이 되지 못하는가?

이 회장이 이 질문을 했던 1987년 무렵 나라별 범죄율 통계를 보면 공교롭게도 이탈리아와 바티칸 시국이 수위를 다투고 있다. 기독교 신자로서 십계명만 잘 지켜도 으뜸 청정 국가가 되었을 건데 범죄로 세계 으뜸이 되었다. 이 질문에 대한 대답은 전적으로 변명에 지나지 않을 터이다.

21세기를 맞이한 지금이야 유럽 국가들의 종교지형도가 급변하여 탈 기독교화하고 있지만, 이 회장이 질문하던 당시 이탈리아 국민 중 절대다수가 가톨릭 신도였다. 변명을 위해 주목하고자 하는 것은 이탈리아가 어떻게 기독교 국가가 되었는가 하는 점이다.

주지하다시피 로마 제국이 기독교를 국가 교회로 공인한 서기 4세기 이후 이탈리아와 로마는 기독교의 총본산으로서 역할을 했고, 바티칸 시국은 지금도 로마 교황청의 나라로 존속하고 있다. 서기 380년 로마 황제 테오도시우스는 기독교를 로마 제국의 유일한 공식 종교로 선포했다. 기독교라는 종교가 하나의 인격체일 수도 있다는 관점으로 본다면, 그때 기독교는 어떤 기분일지 궁금해진다.

"로마가 '나(기독교)'를 제국의 유일한 종교로 정했다고?"

기분이 대단히 좋았을지, 아니면 떨떠름했을지 상상해 보자.

당시 '기독교의 인격'을 대신할 수 있는 위치에 초대 교회라는 공동체가 있었다. 초대 교회는 로마가 기독교를 국가 교회로 정할 때 어떤 기분이었을까를 묻는다. 왜냐면 로마가 기독교를 공인하고 국가종교로 결정할 때 초대 교회와 협의하거나 의사를 타진했다는 역사적 기록은 찾아볼 수 없기 때문이다.

테오도시우스 황제는 어떤 심경과 경로로 기독교를 제국의 종교로 선택하는지, 거기에 대응하여 초대 교회 즉, 초대 교회 지도자는 어떻게 수용했는지 그 실상과 신학적 의미가 궁금하다.

> 기브온 주민들이 여호수아가 여리고와 아이에 행한 일을 듣고 꾀를 내어 사신(使臣)의 모양을 꾸미되 해어진 전대와 해어지고 찢어져서 기운 가죽 포도주 부대를 나귀에 싣고 그 발에는 낡아서 기운 신을 신고 낡은 옷을 입고 다 마르고 곰팡이가 난 떡을 준비하고 그들이 길갈 진영으로 가서 여호수아에게 이르러 그와 이스라엘 사람들에게 이르되 우리는 먼 나라에서 왔나이다 이제 우리와 조약을 맺읍시다 하니(구약성경 여호수아 9:3~6).

모세의 바통을 이어받아 이스라엘 민족을 이끌고 요단강을 건너 가나안으로 들어간 여호수아에게, 하나님은 가나안 땅에 사는 일곱 족속을 모조리 멸절하라고 명령했다. 그들의 타락상은 구제 불능이어서 노아의 홍수 때처럼 멸절하는 길만이 해결책이기 때문이었다. 여호수아는 이 명령을 명심하고 잘 지키고자 했다.

치열한 전쟁으로 가나안 땅을 정복해 나가던 여호수아에게 먼 곳에서 온 듯한 행색으로 나타난 이들이 있었다. 기브온 족속의 사절단이었다. 그들은 여호수아와 평화 협정을 맺자고 제안했다. 여호수아는 그들이 혹시 멸절 대상인 가나안 잡족은 아닌지 의심했다. 그러나 교묘하게 꾸민 그들에게 깜박 속았다. 화친 조약을 체결한 뒤에야 그들이 하나님의 명령에 따라 멸절해야 하는 가나안의 잡족속 중 하나였음을 알게 되었지만 이미 엎질러진 물이었다.

여호수아가 기만당했지만 일단 체결한 맹세는 지켜야 했기에 여호수아는 화친 조약에 따라 이들을 살려 둔다. 이것이 구약 시대 맹세에 대한 관습이었다.

여호수아가 죽고, 사사 시대를 거쳐 이스라엘은 왕이 다스리는 나라가 되었다. 첫 번째 왕이 된 사울은 여호수아와 기브온 족속이 맺은 맹세를 어긴다. 기브온 족속을 학살하고 쫓아냈다. 성경의 하나님은 맹세를 대단히 중시한다. 맹세를 어기면 반드시 징벌하는 하나님이다.

선대왕 사울이 기브온 족속과의 맹세를 어긴 사실을 다윗 왕이 알고 기브온 족속의 대표를 불러 사과했다. 이때 기브온 족속은 사울 왕의 자손 일곱 명을 내주기를 요구했다. 다윗 왕이 이에 응하여 사울의 후손 일곱 명을 색출하여 그들에게 넘겼다. 기브온 족속은 일곱 명을 사울 왕의 고향 마을에서 공개처형했다.

로마 제국이 기독교를 국가 교회로 선포한 일이, 기브온 족속이 여호수아를 속이고 화친 조약을 체결한 일과 같을 수는 없다 하겠지만, 이후 로마 가톨릭 지도자들은 초대 교회가 로마의 기독교 공인을 냉큼 수용한 대가를 혹독하게 치르지 않으면 안 되었다.

로마 황제는 전쟁을 벌일 때마다 그 전쟁이 성경적으로 정당하다는 확인을 교황청에 요구했다. 로마가 제국의 종교인 기독교에 어긋나는 전쟁을 할 수는 없었기 때문이다. 그때마다 교황은 울면서 겨자

먹듯이 그 전쟁이 타당하다고 승인 혹은 묵인해야 했다. 정치와 종교가 분리되지 않음으로써 빚어지는 비극이다.

로마의 후예인 유럽이 기독교 국가가 되어 기독교 문화를 확산한 공로는 무시할 수 없다. 그러나 종교에 국가 권력이 포개어짐으로써 숱한 문제점을 드러낸 역사도 부인할 수 없다. 이탈리아가 기독교 국가이면서 범죄율로 세계에서 으뜸을 다투는 현상의 근원도 저 멀리서부터 찾아야 한다.

> 그러므로 너희는 가서 모든 민족을 제자로 삼아 아버지와 아들과 성령의 이름으로 세례를 베풀고 내가 너희에게 분부한 모든 것을 가르쳐 지키게 하라 볼지어다 내가 세상 끝날까지 너희와 항상 함께 있으리라 하시니라(신약성경 마태복음 28:19~20).

예수 그리스도가 이 땅에 남긴 지상명령이다.

예수는 3년의 가르침으로 마무리했다.

예수의 부활을 증거 하고자 하는 제자들이 이 명령을 실현하는 데는 사전에 갖추어야 할 것들이 한둘이 아니었다. 예수께서 분부한 것도 체계를 잡아야 전하고 가르칠 수 있다. 그런데 기독교 태동 250여 년 만에, 세계 최대 제국 로마의 국교가 되었다.

기독교가 로마 제국의 국가 교회가 되자 교회의 안정이 제국의 안정과 직결되었다. 이때부터 로마 황제는 로마 교회에 적극적으로 개입하게 된다. 신학적 논란이 되는 성경의 해석도 황제가 서둘러 결론을 내라고 독촉했다.

교회 자체의 정비도 시급했다. 국가 교회가 되어 갑자기 밀려드는 로마 시민을 적절히 통제할 수단도 갖추고, 교회 지도자 양성에서부터 성직자의 서열을 정하고 지방조직까지 정비해야 했다. 로마 황제와 교황청 교황 간의 자리매김도 시급했다.

이런 와중에 가톨릭 교황청은 성경을 독점했다.

로마 제국 시민이 성경을 읽을 수 있도록 허락하지 않았다. 구약성경은 히브리어로, 신약성경은 그리스어로 쓰였기 때문에 시민이 성경을 읽으려면 로마 제국내 각 종족의 언어로 번역해 주어야 한다. 그러나 번역을 금지하고, 성직자는 로마의 공용어인 라틴어로 미사를 진행했다.

제국 변방의 라틴어를 모르는 종족은 미사에 참석은 하지만 무슨 말을 하는지 전혀 알아들을 수 없었다. 명목상으로 기독교인의 수는 로마 제국의 신민 수만큼 늘어났다. 하지만 그들이 진정한 기독교인 인지 의문을 가져 볼 여유조차 없었다.

> 일어나 가서 보니 에디오피아 사람 곧 에디오피아 여왕 간다게의 모든 국고를 맡은 관리인 내시가 예배하러 예루살렘에 왔다가 돌아가는데 수레를 타고 선지자 이사야의 글을 읽더라 성령이 빌립더러 이르시되 이 수레로 가까이 나아가라 하시거늘 빌립이 달려가서 선지자 이사야의 글 읽는 것을 듣고 말하되 읽는 것을 깨닫느냐 대답하되 지도해 주는 사람이 없으니 어찌 깨달을 수 있느냐 하고 빌립을 청하여 수

레에 올라 같이 앉으라 하니라(신약성경 사도행전 8:27~31).

예수님의 부활 승천 이후 얼마 되지 않은 때의 일이다.

이디오피아의 궁전 내시가 예루살렘에 왔다가 돌아가는 길에 마차 위에서 성경을 읽고 있었다. 마침 초대 교회 일곱 집사 중 한 명인 빌립이 다가가서 성경을 읽는 내시에게 뜻을 알고 읽는지 물었다. 내시는 '지도해 주는 이가 없는데 어떻게 깨닫겠느냐'고 솔직하게 대답했다. 이에 빌립 집사가 곁에 앉아 성경을 가르쳤다. 가르침에 감동을 받은 내시는 시냇물이 흐르는 곳에 이르자 여기서 침례를 받고 싶다고 고백한다. 어떻게 진정한 기독교인으로 거듭나는지 보여 주는 대목이다. 초대 교회에서는 이렇게 기독교인이 탄생했다.

로마가 기독교를 국교로 정한 4세기 이후 우여곡절을 거쳐 모든 성도가 성경을 자유롭게 읽을 수 있는 오늘에 이르렀다고 기독교인의 진정성이 담보되는 것은 아니다. 빌립의 가르침을 받고 물가에 이르렀을 때 '여기서 내가 세례(침례)를 받는데 거리낌이 없다면 지금 해 달라'고 청하는 진정한 기독교인이 있는가 하면, 로마 제국 국교회 성도처럼 평생 성경 한 구절 듣지도 읽지도 못한 기독교인도 많았다.

역사상 나타난 교회의 형태 중에는 '국가 교회'와 '자유 교회'가 있다. 자유 교회는 이디오피아 내시처럼 자신이 기독교인이 되는 일을 순전히 자기가 결단하는 교회 체제를 일컫는다. 어느 한 사람이 기독교인이 되는 일에 국가가 관여하지 않는다. 반면에 국가 교회는 로마 제국처럼 전 국민에게 기독교 신앙을 강제한다. 유럽 대부분 국가에서 20세기 말까지 국가 교회 체제가 남아 있었다.

제18문

신앙인은 때때로 광인처럼 되는데,
공산당원이 공산주의에 미치는 것과 어떻게 다른가?

예약시간보다 늦었다고 요릿집 주인한테서 야단을 맞을 줄은 미처 몰랐다. 네 사람 모두 처음 겪는 일이었다. 일행은 멋쩍은 표정으로 방에 들어갔다. 주인이 들어와 정중하게 고개를 숙이면서 이렇게 사과했다.

"제가 복요릿집을 하는 것은, 돈을 벌자는 것 외에 최고의 맛을 손님들에게 서비스하자는 데 있습니다. 시간이 맞지 않아 제맛이 안 나는 것은 억울합니다. 네 분이 보통 손님이 아니라는 것은 잘 알고 있습니다. 무례를 용서해 주시기 바랍니다."

자기 직업에 이토록 긍지와 사명감을 가지고 평생을 외곬으로 파고든 직업의식, 그것은 감동적이기도 하였다.

새로 다시 조리한 복요리를 들면서 상업차관의 6억 달러 증액 이야기를 꺼냈다.

이병철, 『호암자전』, 246.

1964년 한국과 일본 간에 한일회담 협정이 피치를 올리고 있었다. 이 회장은 기업인으로서 한일회담을 물밑에서 지원하게 된다. 이때 일본의 한 음식점에서 있었던 에피소드이다. 도쿄에 있는 '후구겐'이라는 복요릿집에 저녁 식사 예약을 했는데, 예약 시간보다 1시간 늦게 도착했다. 그랬더니 주인이 예약 시간에 맞춰 요리해 놓았는데 1시간이 지났으니 맛이 떨어져 새로 해야 한다면서 면전에서 화를 내더라는 얘기다.

이런 이야기는 아름답게 들린다.

자기가 빚어내는 음식의 맛이 최고조에 이르렀을 때 고객이 먹어 주기를 바라는 마음이 고와서다. 복요릿집 주인은 자신이 식당을 차리고 자기의 손끝으로 빚어내는 맛의 오묘함을 고객들과 나눈다. 사람의 심중에는 이렇게 지순한 아름다움이 있다. 이는 기독교 신앙에서도 예외 없이 발현한다. 어떤 이가 예수 믿고 보니 너무 좋았다. 그 좋은 것을 혼자 누리기에 아깝다. 그 기쁨과 행복을 이웃과 나누고 싶어서 전도에 나선다. 교회는 바로 이런 이들이 모여 이루는 공동체다.

이 회장도 복요릿집 주인이나 기독교인처럼 무언가가 너무 좋아서 평생을 거기에 몰두하는 인생을 산 위인(偉人)이다. 이 회장이 '미치도록' 좋았던 것은 무엇이었는지 설명하기는 쉽지 않다. 왜 그렇게 열심히 창업하느냐는 질문에 이 회장은 '창조적 충동'이라고 대답은 했지만, 평생을 바쳐 빠져들 만큼 좋았던 것이 '이것'이라는 속 시원한 대답은 아니다.

> 1985년 정초를 나는 서울 남쪽 교외의 용인자연농원에서 맞이하였다. 머지않아 만 75세가 된다.
>
> 얼어붙은 대지, 차디찬 대기, 백설이 만건곤한 창밖의 고요한 경관을 바라보면서 다시금 건강하게 인생의 연륜을 하나 더 새길 수 있는 기쁨을 되새긴다. 지난날의 숱한 일들이 주마등처럼 눈앞을 스쳐간다. 참으로 힘겹고 바쁜 격동의 나날이었다.
>
> 이병철, 『호암자전』, 7.

이병철 회장 자서전의 첫 번째와 두 번째 문단이다.

읽으면 이미지가 떠오른다. 이 회장의 모습이 그려진다. 어떤 풍경일지 가늠이 되기는 하는데 이 회장을 여기까지 끌어온 '그것'은 얼른 나타나지 않는다. '참으로 힘겹고 바쁜 격동의 나날'을 능히 견디도록 이끌어 준 '그것'이 무엇인지 읽어내기 쉽지 않다.

릭 워렌 목사가 '목적이 이끄는 삶'이라는 제목으로 책을 써서 기독교계에 선풍적 인기몰이를 한 적이 있다. 맞다. 인생은 목적에 이끌린다. 불현듯 인생을 이끌어가는 목적이 무엇인지 궁금해진다.

이 회장의 삶을 이끈 목적은 무엇인가?

이 회장이 살아 있다면 어떻게 대답할까?

혹시 대답이 있을까 하여, 이 회장의 24가지 질문에 답변하겠노라고 섭렵한 스무 권 남짓한 책들을 다시 들춰보지만 못 찾겠다. 궁여지책으로 이 회장의 질문지에 눈길을 돌렸다. 24가지로 질문하는 문장을 그는 어떤 단어들을 사용하여 작성했는지 살폈다.

질문지에 쓰인 단어를 가나다순으로 정리하고 단어 개수를 괄호 안에 넣었다.

ㄱ(31) 가(가는가, 무엇인가) 가(교회가) 가(언젠가)
가능 가다 갖가지 같다 건너다 것 결정 고통
공산국 공산당원 공산주의 ~과(와) 교도 교회
교황 교훈 과학 광인 구멍 구십구 국 국민 그
그것 그렇게 기업 기업주 끝

ㄴ (6) 나라 내버리다 노동자 누리다 ~는 니카라구아

18. 신앙인은 때로 광인처럼 되는데, 공산주의 그것과 어떻게 다른가?   183

ㄷ(19) 다르다 단정 단체 당하다 대신 ~데 ~도 동구제국
독선 독신 되다 둘 드러내다 ~들 들어가다 또는
똑똑히 두다 때때로

ㄹ(3) ~로(우리로) 로마 례(예)

ㅁ(18) ~만 만들다 만들어지다 만물 말 말씀 많다 모두
모범 목적 못하다 무병 무신론자 무엇 무종교 미덕
미치다 믿다

ㅂ(10) 바늘 발달 범죄 보이다 부귀 부인 부자 분열 불행 비유

ㅅ(22) 사람 사랑 사회 산물 살다 상극 ~서(죽어서) 생물
성경 세계 속죄 수 수녀 스탈린 ~시(이단시) 시대
시련 신 신부 신앙 신앙인 신자

ㅇ(35) 아니다 악인 안락 않다 약대 어디 어떤 어떻게
언제 없다 ~에 ~에게 영혼 예수 오다 오래 ~와 왜
우주 우리 위하다 ~은(는) ~을(를) ~의 ~이나(나) ~이
이다 이단 이들 ~이란 인 인간 있나 이처럼 이태리

ㅈ(25) 자 자본주의 자신 잘못 장수 제일 조장 존재 종교
종교인 종류 종말 죄 주다 죽다 죽음 중 증명 ~지
지구 ~지다 지옥 진화 집 짓다

ㅊ(10) 착하다 착취 착취자 창조 창조주 처럼 천국 천주교
천주교도 체제

ㅌ(2) 타(타종교인) 특징

ㅍ(4) 파괴 퍼센트 폴란드 필요

ㅎ(9) 하다(증명하다) 하다(착하다) 하느님 하여금 학자
합성 혼란 후 흉악범 히틀러

이 회장은 194개의 단어로써 24가지 질문 문장을 만들었다.

이중 가장 빈도수가 높은 단어는 신(하느님)으로 아홉 번 썼다. '신'이라는 단어가 들어가 있지 않은 질문도 바탕에는 신이 주제어다.

이토록 신을 간절히 호출하는 이유가 뭘까?

이 회장은 무엇이 자신을 여기까지 이끌어 왔는지를 지금 신에게 묻고 있다.

이 회장을 이끈 것으로 세간에서는 돈이라고 간단하게 치부하고, 이 회장을 '돈병철'로 불렀다. 그렇게 불리고 있음을 이 회장 스스로도 모를 리 없다. 그러나 아무리 생각해도 '돈'이 자기를 이끈 것은 아님이 분명하다. 그러나 이 회장의 자서전에서도, 그에 대한 숱한 평전에서도 그가 진정한 행복을 느끼는 때는 언제이며, 무엇이 이 회장의 평생을 일관되게 이끌었는지는 콕 집어내기 어렵다. '창조적 충동'은 목적이 아니라 목적을 향해 달려가는 모습을 묘사한다. 다시 질문서에 주목해 보자.

이 회장이 질문서 문장에서 쓴 단어를 보면 대부분 품격 있는 단어다. 그렇지 않더라도 최소한 가치 중립적인 단어를 썼다. 그런데 거스르는 단어가 딱 하나 있다. 이를테면 비속어다. 바로 이번 질문에 쓰인 '미치다'이다.

일정한 곳에 이르다는 의미의 '미치다'가 아니다. 그렇다고 어떤 한 가지에 몰두하여 성과를 내는 '미치다'도 아니다. 정신이상자를 비하하는 의미의 '미치다'를 구사했다. 질문 자체에서 먼저 미친 사람을 뜻하는 광인(狂人)이란 단어를 씀으로써 의미를 분명히 하고 있다.

'미치다'를 품격 있는 단어로 바꿔 쓰지 않았다.

굳이 바꾸자면 '몰두하다', '경도되다', '외곬으로 빠지다' 등이 있음에도 그냥 '공산주의에 미치는 것'이라고 노골적으로 적었다. 나머지 193개 단어의 품격에서 떨어진다. 이 회장은 왜 이 단어를 피하지 않았을까?

당시의 시대상을 반영하고 있다.

독일이 1990년에 통일되었으니 이 회장이 이 질문을 할 당시 한국은 세계에 단 두 곳 중 하나인 분단국이다. 그만큼 공산주의에 대한 증오는 한국 사회에서 보편적 현상이다. '공산주의에 미친 것'이라는 표현은 품격 운운할 계제가 아니다. 이보다 더한 비속어를 붙여도 용납이 되었다. 오히려 이런 표현에 딴지를 걸었다가는 자칫 사상을 의심받을 수도 있었다.

물론 '미치다'는 단어에는 묘한 매력이 있다.

'어떤 일에 미치지 않고는 성공하지 못한다'고 말한다. 그 분야에서 으뜸이 되기 위해서는 그 일에 미쳐야 한다. 남들보다 더 미쳐야 한다. 이런 의미에서 이 회장은 창업과 기업경영에 미친 사람이다. 전체 194개의 단어 중 고매한 품격에 미치지 못하는 단 하나의 단어 '미치다'는 나머지 193개의 단어를 아우르는 핵심 단어다.

따지고 보면 모든 이들이 각자 나름대로 무언가에 몰두하면서 세상을 살아간다. 직설적으로 말하자면 그것에 미쳐 있다. 이를 격조 있게 표현하면 '개성'이다. 공산당원은 공산주의에 미쳐 있고, 신앙인은 자기 신앙에 미쳐 있다.

이병철 회장은 창업과 기업경영에 미쳐 있다.

그런데 주변을 보니 바람직하지 못한 목적에 미친 사람들이 눈에 띤다. 공산주의자들이 그렇다. 그런데 기독교인들의 행태에서도 미쳐 있는 모습이 보인다. 기독교의 역사를 깊이 들여다보면 안타까울 만큼 잘못 미쳐 있는 모습을 발견하게 된다.

이 회장 심중에 미치는 것은 매우 중요한데, 공산주의자가 미치는 것 같은 모습이 기독교 역사에 투사됨이 참 안타깝다. 뭐가 다르냐는 질문은 '나는 공산주의와 기독교는 다르다는 것을 안다. 그런데 왜 겉모습이 오십보백보냐'는 말이다.

> 예수께서 대답하시되 첫째는 이것이니 이스라엘아 들으라 주 곧 우리 하나님은 유일한 주시라 네 마음을 다하고 목숨을 다하고 뜻을 다하고 힘을 다하여 주 너의 하나님을 사랑하라 하신 것이요 둘째는 이것이니 네 이웃을 네 자신과 같이 사랑하라 하신 것이라 이보다 더 큰 계명이 없느니라(신약성경 마가복음 12:29~31).

외곬으로 빠져 살아가는 사람을 창조주 하나님이 모를 리 없다.

공산주의, 자본주의, 민주주의를 비롯하여 창업, 기업경영 그리고 욕심과 정욕 탐욕 시기 질투에 이르기까지 사람을 몰두하도록 유인하는 것들은 부지기수다. 이러한 가치들에 잘못 경도되어 한평생을 찧고 바수며 살아가는 인생을 긍휼의 눈길로 보는 이가 하나님이다.

하나님은 인류에게 가장 바람직한 외골수를 계시한다.

첫째 하나님 사랑, 둘째 이웃 사랑이다.

인생을 하나님 사랑, 이웃 사랑에 올인하라고 초청하는 책이 성경이다.

복요릿집 사장이 요리에 미치는 것도 괜찮다.

이병철 회장이 창업과 기업경영에 미치는 것도 괜찮다.

공산주의자가 공산주의에 미치는 것도 세상에 있는 일이다.

그러나 진정으로 몰두하고 경도되며 외곬으로 빠져야 하는 진리는 하나님 사랑, 이웃 사랑이다. 물론 기독교인이 제대로 하나님 사랑, 이웃 사랑에 미쳐 있다면 이 회장으로부터 이 질문을 받지 않았을 터이다. 기독교회는 인정할 것은 인정하고 바른 신앙으로 나아가야 한다. 오죽 빗나갔으면 이 회장 눈에 이렇게 비쳤을까?

이 회장 사후에 공산주의는 몰락의 수순을 밟았다.

모든 가치는 자체로서 생명력을 가진다.

공산주의에 생명력이 없기에 단명했다.

이 회장은 창업과 기업경영을 외곬으로 매진한 사람으로서 타의 추종을 불허한다. 그러나 그것이 인생의 참맛은 아니다. 그렇기에 이 회장이 하나님에게 질문했다.

살아가는 중에 어떤 것에 몰두하거나 경도되거나 외곬으로 빠지기 전에 하나님을 바라봐야 한다. 너무 늦지 않도록 말이다.

하나님은 인류에게 가장 바람직한 외골수를 계시한다.
첫째 하나님 사랑, 둘째 이웃 사랑이다.

제19문

천주교와 공산주의는 상극이라고 하는데,
천주교도가 많은 나라들이 왜 공산국이 되었나?
(예: 폴란드 등 동구제국, 니카라구아 등)

> 영국의 역사가 에드워드 기번(Edward Gibbon)은 《로마 제국 쇠망사》에서 "역사란 인류의 범죄와 어리석음과 불행에 관한 기록에 불과하다"라고 말했다. 분명 박정희는 군대를 움직여 정권을 장악했다. 그러나 5·16에 대한 이병철의 평가는 부정적인 면에만 머물지 않았다. 비록 조건부지만 오히려 긍정적인 평가를 했다고 볼 수 있다. 왜냐하면 5·16 전의 한국 사회는 수습이 불가능할 정도로 엄청난 혼란에 빠져 있었기 때문이다. 시작이야 어찌 되었든 혁명정부는 반공, 민주주의를 주창하면서 처음으로 국가로서의 본격적인 경제개발, 국가 건설 작업을 진취적으로 추진했다.
>
> 야마자키 가쓰히코, 『크게 보고 멀리 보라』, 112.

공산주의는 기독교 국가들이 포진했던 유럽에서 탄생한 이데올로기다. 기독교적 토양 안에서 배태하여 탄생한 이념이다. 그러니 당연히 기독교 국가인 유럽의 여러 나라가 공산주의가 되는 것은 수순으로 볼 때 자연스럽다. 유럽에서 탄생한 공산주의가 러시아를 거쳐 중국으로 진출했고, 한반도의 북반부도 점령했다.

이 회장은 북한의 공산주의와 중국 공산당을 보면서 왜 유럽의 나라들이 공산주의가 되었냐고 지청구하고 있다. 질문의 구도가 약간 기형적이다. 기독교 국가 밖에서 탄생한 것이 기독교 국가를 침투한 것이 아니다. 기독교 국가 안에서 만들어진 공산주의가 유럽의 기독교 국가에 뿌리를 둔 채 아시아로 번졌다는 것을 주시해야 한다.

'기독교 국가들 안에서 왜 공산주의가 나올 수 있느냐?'

이렇게 질문해야 맞다.

기독교 제국인 로마가 어찌 범죄, 어리석음, 불행으로 점철되느냐고 질문함이 순서다. 기독교가 로마 제국에 들어갔으면 로마의 역사가 달라졌어야 하는 것 아니냐고 질문함이 옳다.

로마 황제가 전쟁에 출정할 때는 항상 무당을 찾아갔다. 전쟁에서 승리할 것이라는 신탁을 받기 위해서다. 로마의 숱한 신 중에서 전쟁의 신은 마르스다. 마르스 신전의 무당은 전쟁이 임박해 황제가 신탁을 받으러 오는 날짜가 다가오면 수탉 한 마리를 그때부터 굶겼다.

황제가 출정에 앞서 신전에 오면 무당은 수일 동안 굶긴 닭을 제단에 올리고 그 앞에 모이를 던진다. 닭은 딱따구리가 나무에 구멍을 내듯 힘차게 쪼아 먹는다. 닭이 모이를 쪼는 모습이 전쟁에 임하는 군사를 상징하고, 순식간에 먹어 치우는 먹이는 적군 병사들이다. 그 모습을 보면서 황제와 군사들은 지축이 울리도록 환호하고 의기양양하게 전쟁터로 향했다.

서기 380년 기독교가 로마의 국교가 되었다.

엄밀한 의미에서 그때부터 로마는 성경이 인정하는 전쟁이 아니라면 해서는 안 된다. 그러나 로마가 그렇게 했다는 기록은 없다. 여전히 전쟁의 신에게 신탁을 받고 출정했다. 이런 일로 교황이 간혹 시비를 걸면 황제는 정치적 수완을 발휘하여 무마하곤 했다.

5세기 로마 제국의 멸망 이후 가톨릭 교황은 고도의 정치적 줄타기를 해야 했다. 제국은 멸망했으나 제국의 후예로서 다양한 모습으로 여기저기 왕국이 출몰했다. 교황은 쇠락하는 세력, 떠오르는 세력을 잘 분별하여 손을 잡아야 했다. 자칫 저무는 세력인 줄 모르고 후원했다가는 교회도 함께 몰락하게 된다. 동로마와 서로마의 틈바구니에서 교황은 순간순간 정치적 결단을 내려야 했다.

로마 가톨릭은 제국의 종교로서 인류의 범죄와 어리석음과 불행에 관한 기록으로 점철되는 역사의 물꼬를 돌리지 못했다. 기독교가 어느 한 제국이나 나라에 들어간다고 해서 기번이 지적한 역사의 속성이 달라지지 않는다. 로마 가톨릭이 숱한 시대적 위기를 뚫고 중세 이후, 근대를 거쳐 현대에 이르기까지 기독교를 지속시킨 공로에 추가하여, 역기능의 역사를 순기능의 역사로 돌려놓지 못한 책임을 물을 수 있는지는 별도의 문제다.

> 이 박사와 선친 사이에 교분이 있었던 것을 알고 있었으므로, 선친 함자를 들어 자기 소개를 했다. 이 박사는 희색이 만면하여 집안일 등을 두루 물은 뒤, 양조업을 하고 있다는 이야기를 듣고는 이렇게 말하는 것이었다.
> "서양 술은 오래된 것일수록 좋다고 하는데, 우리나라의 것은 그렇지 못한 것 같다. 만일 우리나라가 서양에 술을 수출하려고 한다면, 우선 장기간 보존할 수 있는 우리나라 고유의 좋은 술을 만드는 방법을 연구해야 할 것이다."
>
> 이병철, 『호암자전』, 83.

해방 후 정부 수립 이전에 이병철 회장이 이승만 박사와의 첫 대면을 회고하는 내용이다. 이승만 박사는 이 회장에게 각별하다. 이 회장이 경험한 정권 중에서 정치의 힘으로 기업을 수탈하지 않은 유일한 대통령이기 때문이다.

이승만 이후 4·19혁명 정부부터 기업을 부도덕한 집단으로 몰아붙여 반사 이익으로 국민통합을 꾀했다. 이때부터 이 회장이 작고하기까지 모든 정권은 기업의 재정을 자기네 쌈짓돈 꺼내듯 했다.

이승만은 기독교 장로라서 기업을 부당하게 취급하지 않았을까?

초대 이승만 대통령이 기독교 장로였다는 점은 한국 정치사의 주요 변수다. 윤보선 대통령도 기독교 단체에서 이승만과 교분을 나눈 사이였다. 이후 한국 정치사에서 기독교인 정치가들이 줄줄이 등장한다. 박정희도 어린 시절 교회에 다녔다는 일화는 많이 알려져 있다. 이병철 회장 사후에 김영삼, 이명박이 장로로서 대통령을 역임했다. 이번 질문과 관련하여 눈여겨볼 것은 장로 대통령이 당선되었다고 해서 기독교적인 정치가 실현되었느냐는 점이다.

이승만 대통령은 초대 대통령으로서 많은 치적을 남겼지만, 권력이 주는 달콤함에서 벗어나지 못했다. 부정선거를 자행하고 영구집권을 도모하다가 4·19혁명에 의하여 하와이로 망명하고 거기서 생애를 마쳐야 하는 비운의 대통령이 되었다. 그의 재임 중에 한국의 기독교인 수는 괄목할 만한 수준으로 늘어났지만, 그 신앙이 현실 정치에 반영되어 한국 사회가 기독교적 이정표를 따라가기에는 힘이 부쳤다.

김영삼 장로의 대통령 재임 중에도 한국에서 기독교적 색채가 도드라졌다고 볼 수 없다. 대통령만 기독교인이었을 뿐이다. 국민 역시 대통령이 기독교인이라 해서 한국이 기독교적으로 가야 한다고 생각하지 않았다. 김영삼 대통령 재임 중에 한국의 무속인들이 사단법인체를 구성하고 이익단체가 되었다는 평가도 있다는 점을 감안한다면 기독교인 대통령이라는 정체성에 의구심이 인다. 이명박 장로도 대통령을 역임했지만, 김영삼 장로의 재임 시절과 크게 다르지 않다.

한국의 기독교회가 장로 대통령을 당선시키기 위해서 음으로 양으로 많은 노력을 기울인 것은 부인할 수 없다. 교회가 기독교인 대통령을 배출했다는 자부심을 가졌지만, 얻은 것보다는 잃은 것이 더 많다.

기독교인으로서 기왕이면 기독교인이 대통령 되는 것이 자랑스러울 수는 있겠으나 그렇다고 해서 국가가 기독교적이 되지는 않는다는 점은 분명히 인식해 둘 필요가 있다. 기독교인 정치인으로서 대통령이 되고자 한다면 최소한 이 점을 명심해야 한다.

기독교인 정치인이 교회 성도에게 자신이 대통령이 되어 하나님의 뜻을 실현하겠다는 식의 약속은 지켜질 가능성이 없다. 로마 제국의 역사뿐 아니라 한국의 역사에서도 입증되었다.

> 그때에 너희는 그 가운데서 행하여 이 세상 풍조를 따르고 공중(空中)의 권세 잡은 자를 따랐으니 곧 지금 불순종의 아들들 가운데서 역사하는 영이라(신약성경 에베소서 2:2).

성경은 기독교적 가치관에 배치되는 행동 양식을 '세상 풍조'라 칭한다.

세상 풍조는 대다수 국민이 따르는 거국적 흐름이다. 위에 인용한 성경 구절에 따르면 그 세상 풍조는 '공중의 권세 잡은 자'가 이끈다. 권세란 많은 사람을 끌어들이는 힘이다. 한 사람을 끌어들이는 것도 권세이고 둘, 셋 더 나아가서 수많은 군중을 모으는 힘이 권세다.

세상 풍조를 주도하는 존재가 '공중의 권세 잡은 자'이다.

이 자가 '불순종의 아들들 가운데서 역사하는 영'이다.

'불순종의 아들들'은 비기독교인을 일컫는 말이다.

이들은 창조주 하나님과 그의 아들 예수 그리스도와 성령 즉, 삼위일체 하나님을 믿지 않을뿐더러 알지도 못하는 사람들이다. 그들 가운데에서 그들의 취향으로 그들을 이끄는 세력이 곧 '공중의 권세 잡은 자'이다.

여기서 '공중'의 문자적 의미는 허공이다. 허공을 공중(空中)이 아닌 공중(公衆)으로 대입하면 이 구절은 이해하기 쉽다. 어느 나라나 TV의 아침 드라마는 불륜이 주요 소재이다. 막장드라마다. 악화가 양화를 구축한다는 그레셤의 법칙은 여기에도 들어맞는다. '막장 드라마가 건전 드라마를 구축한다.' 드라마를 건전하게 만들면 시청률이 낮고, 막장 드라마를 만들어 방영하면 시청률이 치솟으며 광고주가 붙는다. 세상이 이렇게 흐르도록 조장하는 세력이 있는데, 그가 바로 '공중(公衆)의 권세 잡은 자'이다.

공중의 권세 잡은 자는 대중이 건전한 드라마는 외면하고, 막장 드라마에 환호하게 한다. 이 힘이 곧 '공중의 권세'이다. 공중의 권세를 잡은 자는 기독교인 대통령이 당선되었다고 해서 세상이 기독교적으로 흐르도록 허용하지 않는다. 자기 권세를 포기하지 않는다. 나눠 주지도 않는다.

한 나라 안의 기독교인이 단결하여 기독교인 대통령을 배출하는 것이 성경적이고 하나님의 뜻인지 교회는 매우 심각하게 숙고하여야 한다. 자기와 같은 종교를 가졌다고 지지하는 태도는 성경적이라 할 수 없다.

온 나라가 기독교인으로 가득 차더라도 그 나라가 공산주의 국가가 될 수도 있다. 히틀러가 제2차 세계대전을 일으킬 당시 독일은 기독교 국가였다. 히틀러가 유대인 수백만을 학살하는데 기독교는 침묵했다. 오히려 동조했다. 그 결과는 혹독했다. 제2차 세계대전이 끝난 이후 기독교 무용론, 종교 무용론이 급격히 대두되었다.

기독교 국가가 하필 공산국이 된 것은 우연이 아니다.

기독교가 꽃을 피워 내야 할 토양은 극도로 타락한 세상이다. 타락한 세상, 그 시궁창에 뿌리내리고 피워 내야 하는 꽃이 기독교다. 시궁창에서 피었어도 꽃은 향기롭지만, 시궁창은 시궁창일 뿐이다.

기독교인을 흔히 이중국적자로 설명한다. 타락한 세상 나라에 살면서, 낙원인 하나님의 나라 시민으로 살아간다는 뜻이다. 세상 나라의 썩은 냄새가 진동할수록, 하나님의 나라 천국이 낙원으로서 빛난다.

율법이 들어온 것은 범죄를 더하게 하려 함이라 그러나 죄가 더한 곳에 은혜가 더욱 넘쳤나니(신약성경 로마서 5:20).

이 회장의 이 질문에 답변하면서 꼭 짚어야 할 한 가지가 더 있다.

이 회장은 자본주의를 근간으로 하는 민주주의 토양에서 기업가로서 기개를 펼칠 수 있었다. 그 민주주의가 탄생한 곳이 로마의 후예로서 기독교 문화권을 피워 낸 유럽이다. 민주주의와 공산주의는 둘 다 한 자리에서 탄생했다. 이 둘은 쌍생아다. 이 중 하나는 순기능적 산물이고 다른 하나는 역기능적 산물이다. 로마 제국이 매양 무익하지만은 않다.

민주주의는 공산주의에 대비될 때 개념 설명이 가능하다.

만일 공산주의가 지구상에서 완전히 사라지면 민주주의도 위태롭다.

타락한 세상, 그 시궁창에
뿌리내리고 피워 내야 하는 꽃이
기독교다.

제20문

우리나라는 두 집 건너 교회가 있고, 신자도 많은데
사회 범죄와 시련이 왜 그리 많은가?

> 내가 사업을 잘해야 나라가 잘된다는 돈병철의 사업보국 신념.
>
> 이병철은 일제 강점기와 해방 초기 사업을 크게 일으켰던 인물이다. 그런데 어떤 기록을 찾아봐도, 당시 그가 애국심을 바탕으로 국가와 사회에 기여한 사례는 나오지 않는다. 이병철은 그저 그 혼란기를 틈타 돈을 쓸어 모은 철저한 사업가였다.
>
> 본인도 이런 행각이 쑥스러웠는지, 이병철은 훗날 자서전에서 사전에도 없는 사업보국이라는 신조어를 만들어 낸다. 쉽게 말하면 "내가 사업을 열심히 하는 게 나라 발전에 이바지하는 길이다."라는 뜻이다.
>
> 이병철은 자못 진지한 어조로 "사업을 시작한 것이 제 1의 각성이었다면, 사업보국의 신념을 굳힌 것은 제2의 각성"이라고 회고한다. 요즘 생각으로도 사업가가 돈을 많이 버는 게 왜 보국報國의 길인지 논리적으로 전혀 와 닿지 않는데, 당시는 오죽했을까?
>
> 이완배, 『한국 재벌 흑역사(상)』, 25.

이 회장은 어느 날 잠든 자녀들의 모습을 보고 화들짝 놀라 '내가 이렇게 살 수는 없다'는 각성 끝에 사업을 시작한다. 사업보국(事業報國)이 아니라 사업보가(事業報家)다.

그렇게 시작한 사업이 승승장구하여 점차 규모가 커지고 한국 제일의 부자가 되었다. 이 회장에 대하여 위에서 인용한 책의 저자처럼 까칠하게 바라보는 관점도 있다. 그럴 수 있다. 그러나 얼마든지 다른 시각도 있다.

기독교인이 되고 나면 지나온 자기의 삶을 되돌아보면서 새롭게 편집한다. 하나님을 알지 못하고 살았지만, 그때에도 하나님이 섭리하고 있었음을 찾아내고, 하나님의 섭리와 간섭을 드러내는 편집이다. 하나님이 어떤 분인지 알아가는 첫걸음이다.

이 회장이 자신의 사업 시작 동기를 '사업보국'으로 재편집하는 것은 나쁘지 않다. 오히려 대단히 좋은 편집이다. 한국의 건강한 청년이라면 누구나 병역 의무를 필해야 한다. 싫다고 피하면 범죄자가 된다. 어쩔 수 없어 군에 가지만 그것이 결국은 애국애족이다.

> 우리 집에서 풀려난 사람 중에는 멀리 황해도로 이주한 가족도 있었지만, 대부분 우리 집 근처에서 나누어 받은 땅으로 농사를 짓고 지냈다. 지금은 모두 자립하여 자녀를 대학에까지 보낸 사람도 적지 않다. 그 대학을 나온 자녀 중에는 실력으로 삼성에 들어온 사람도 있지만, 일부러 만나보는 일은 없었다.
>
> 지금 그때의 일을 생각해 보면, 와세다대학 시절에 한동안 탐독한 톨스토이의 작품에서 받은 영향이 적지 않게 작용했던 것 같다.
>
> 이병철, 『호암자전』, 47-8.

구한말에 노비법은 폐지되었으나 딱히 갈 곳이 없는 이들은 옛 상전 그늘에 그냥 눌러앉아 살고 있었다. 이 회장 고향 집에는 5가구 30여 식솔이 있었다. 이 회장은 유학 시절 심취했던 톨스토이의 영향으로 자기 집안의 노비를 면천해 주면 좋겠다는 생각을 했다.

아버지에게 조심스럽게 말을 꺼냈는데 뜻밖에도 흔쾌히 들어주었다. 아버지는 그들이 살아갈 만치 약간의 돈과 양식을 주면서 주종관계를 끊고 나가 살도록 했다. 그때 면천한 이들의 자녀 중에서 삼성에 입사한 사람이 있었다. 이 회장 생전에도 그랬지만, 요즘 대학 졸업생들은 대기업 취업을 원한다.

직업을 구하는 이들이 대기업에 취업하고, 대기업이 아니더라도 자신이 원하는 직장에 모두 취업한다면 빈곤, 빈부격차는 해소될까? '가난은 나라도 못 구한다'라는 속담이 있다.

이 회장이 사업보국으로 한국경제에 크게 이바지했으나 한국의 경제 문제를 모두 해소하지 못한다. 마찬가지로 국민 전체가 기독교인이 된다 해도 사회 범죄와 시련은 멈추지 않는다.

기록된바 의인은 없나니 하나도 없으며(신약성경 로마서 3:10).

그러니 예수 믿고 의인이 되라는 권고의 말이지만, 예수 믿고 의인 됨은 이병철 회장이나 세상 사람들이 생각하는 그런 유의 의인이 아니다. 하나님이 인정하는 의인이 되어야 한다는 것이 기독교의 중요한 교리 중 하나다. 하나님은 사형이 확정되어 십자가에서 죽은 예수가 '내 죄 때문입니다'라고 믿고 말하는 자를 의인이라고 평결한다.
 그렇다고 기독교인의 행태가 사회 범죄와 전혀 무관하다는 것은 아니다. 예수 믿는 사람들이 늘어나면 사회는 정화됨이 마땅하다. 성경은 사회가 인식하는 죄의 기준보다 훨씬 더 엄격한 잣대를 제시한다. 국가적으로는 교도소 안에 있으면 죄인이고 교도소 밖에 있으면 의인이지만 성경은 그렇지 않다.

> 나는 너희에게 이르노니 형제에게 노하는 자마다 심판을 받게 되고 형제를 대하여 라가라 하는 자는 공회에 잡혀가게 되고 미련한 놈이라 하는 자는 지옥 불에 들어가게 되리라(신약성경 마태복음 5:22).

> 나는 너희에게 이르노니 음욕을 품고 여자를 보는 자마다 마음에 이미 간음하였느니라(신약성경 마태복음 5:28).

 만일 위 구절이 한 국가의 실정법 조항이라면 교도소 밖에 있을 사람은 단 한 명도 없다. 그런데도 천국에는 들어갈 자가 있다니 미스터리다. 세상 사람들은 앞뒤가 전혀 맞지 않는 기독교 교리에 대해 어리석다고 했다.
 콘스탄틴은 세상이 어리석다 하는 기독교 '복음'을 믿기로 결단한 로마의 첫 번째 황제다. 기독교 신도가 되면 세례(침례)를 받아야 한다. 콘스탄틴은 세례의식이 죄를 씻어내는 것으로 알았다. 그렇다면 세례 이후 다시 지은 죄 문제가 남는다. 콘스탄틴은 죽기 직전에 세례를 받겠다고 미뤘다.

고대 로마 황제는 죽음이 임박하면 후계자를 세우고 칩거하면서 곡기를 끊고 죽음을 맞는 것이 전통이었다. 콘스탄틴은 세례받고 나서 곡기를 끊고 죽으려니 했을 것이다. 그러나 그러한 관습 자체가 범죄다. 음식을 넘길 힘이 있음에도 거부하고 죽는 것은 심각한 범죄다.

세례받고 숨이 멎기까지 아주 잠깐이라도 무죄한 상태를 갖기는 불가능하다.

그 사이에도 사촌이 땅 사면 배 아프고, 지나온 인생에서 못다 갚은 앙갚음이 떠오를 것이다. 남들보다 더 살지 못한 것도 분하고, 남겨둔 자식들로부터 받은 불효도 원망스럽다. 부부 사이 앙금도 켜켜이 쌓여 있다. 이러고 죽어 어떻게 천국 문을 두드리나?

그래서 고행의 길을 선택한다. 아예 지금부터 죄를 안 짓는 길을 찾아 나서겠다는 것이다. 순간순간 죄에서 헤어나지 못하는 자신의 온몸을 가죽 채찍으로 후려쳐가면서 서너 걸음 띠고 엎드려 절해 보지만 그래도 죄로부터 못 벗어난다. 10년씩 면벽을 하지만, 되었다고 일어서는 순간 '그놈 죽일 놈이로세' 소리가 자기도 모르게 터져 나온다.

사람의 지혜로는 이 죄를 해결할 방도가 없다.

하나님이 내놓은 비책은 나중 범죄를 미리 용서하겠다는 것이다.

2천 년 후에 태어날 사람들의 죄를 서기 1세기, 갈보리 언덕 위 십자가에서 숨을 거두는 예수의 죽음으로 대신하고, 그 사실을 믿으면 의인으로 평결하겠다는 것이다. 그들로 천국의 빈자리를 채우겠다는 것이 하나님의 지혜다.

> 십자가의 도가 멸망하는 자들에게는 미련한 것이요 구원을 받는 우리에게는 하나님의 능력이라(신약성경 고린도전서 1:18).

이래서 한국에 두 집 건너 교회가 들어섰다.
하나님이 나중 범죄를 미리 용서하니, 사람들도 따라서 한다.

> 결혼식을 하면서 상대방이 나에게 평생 동안에 잘못하는 일은 하나도 없고 잘하는 일만 있을 것으로 기대한다면 그 사람은 바보다. 결혼식 끝나자마자 서로가 서로에게 경쟁적으로 잘못하게 될 것이다. 결혼해서 살고 있는 부부들의 사례에서 밝히 드러나 있다.
>
> 황의찬, 『붕어빵』, 27.

의식하든 못하든 배우자의 나중 잘못을 지금 용서했기 때문에 신랑 신부는 결혼식장에 들어선다. 자녀를 출산하는 일도 그렇다. 태어난 아이는 평생 부모에게 숱한 잘못을 저지를 것이다. 그래도 자녀를 낳는 것은 자녀의 나중 잘못을 부모가 미리 용서하기 때문이다. 용서는 사후 행위가 아니라 사전 행위다.

미리 용서했음을 자각하고 사는 부부와 그렇지 못한 부부, 미리 용서했음을 인정하고 자녀를 양육하는 부모와 그렇지 못한 부모의 태도는 천양지차일 것이다. 창업도 여기서 크게 다르지 않다. 장차 자기 회사의 고객이 실수할 것을 미리 알고 관용하며, 그 손실을 원가에 포함하지 않으면 낭패를 당한다.

　미리 용서받은 배우자, 미리 용서받은 자녀, 미리 용서받은 고객이라도 실수는 계속된다. 미리 용서받은 줄 알고도 죄는 계속된다. 하나님으로부터 미리 용서받은 줄 아는 자들이 기독교인이다. 그러나 실수와 죄는 멈추기 어렵다. 그래서 이병철 회장의 이런 질문도 나온다.

　다음 질문을 이 질문에 비추어보면 꽤 흥미롭다. 로마 교황은 객관적으로 볼 때 예수를 가장 잘 믿는 이들 중 한 사람이다. 교황 정도의 믿음이라면 그의 결정에 잘못이 없을 만도 하지 않을까?

　이병철 회장은 그럴 수 없다며 따져 물었다.

제21문

로마 교황의 결정에는 잘못이 없다는데,
그도 사람인데 어떻게 그런 독선이 가능한가?

1966년 5월, 일본 무역선 신슈우마루(新周丸)를 통해 울산항에 들어온 오티사의 밀수 총량은 총 2400포대, 이 상무는 이 가운데 1430포대를 정상적인 수입품으로 가장해 금북화학에 매각하려다가 관할 울산세관이 아닌 부산세관에 적발되고 만다.

부산세관에 적발될 당시 밀수 주모자로 리스트에 올라 있던 이창희 이사는 쏙 빠지고 이일섭 상무가 자신의 단독범행이라며 자진 출두했다. 그리고 원가의 4배나 되는 2240만 원의 관세를 추징당했다. 정부에서 삼성을 적극적으로 감싸주며 신속하게 처리한 결과였다.

이용우, 『삼성가의 사도세자 이맹희』, 76.

그러나 이 사건은 5개월이 지난 후 재점화된다.

일사부재리 원칙을 비웃으며 엄청난 소용돌이를 몰아왔다. 물론 부산세관이 처리한 내막에는 박정희 정부가 개입하여 적당히 무마하는 선에서 마무리된 것이기는 하지만 법리상 모순임에는 틀림이 없다. 이병철 회장 입장으로는 얼마든지 항변할 수 있다.

가톨릭의 교황 무오류성 교리는 하나의 일사부재리 원칙 확립을 위한 접근법이다. 교황이 최종적으로 결정하면 다시 번복하지 말자고 하면 될 것을 교황을 신이나 되는 것처럼 '무오류성'을 덧입히려다 보니 덫이 날 수밖에 없다.

가톨릭교회 내에서도 교황의 무오류성 교리는 4세기 이후부터 논란을 거듭해 왔다. 논란의 내막은 복잡다기할 테지만 교회 밖에서 바라보는 관점도 영향을 미쳤을 거라고 본다. 이병철 회장처럼 무오류성에 대하여 질문하면 답변하기에 매우 까다롭다. 특히 개신교 진영에서 교황의 무오류성을 곱게 보지 않는다. 그럼에도 1870년 제1차 바티칸 공의회에서 안팎의 반대를 무릅쓰고 교황의 무오류성은 정식 교리로 확정했다.

> 이제 인생의 만기에 들어서고 있다. 자식이나 손자 그리고 후배들에게, 사업에 전 생애를 바쳐 그 때문에 고민하고 때로는 남모르는 성취의 기쁨을 느끼기도 했던 한 인간의 삶을, 겸허하게 사실 그대로 이야기하는 것은 관용될 수 있으리라 믿는다. - 중략 - 이렇게 믿으면서 나의 발자취를 명암을 가리지 않고 기록하려고 결심하였다.
>
> 이병철, 『호암자전』, 10.

이 회장의 자서전인 『호암자전』의 서문 중 일부다.

'사실 그대로 이야기하는 것' '명암을 가리지 않고 기록하려고 결심하였다'라는 부분을 주목하게 된다. 무릇 자서전을 쓰는 이들이 서문에서 천명하는 보편적 문구다. 그러나 독자 편에서는 이 구절을 곧이곧대로 받아들이지 않는다.

교황도 사람이기에 무오류성을 주장하기에 무리가 따른다.

이 문제는 비단 가톨릭만의 것이 아니다. 한국의 대형교회 담임목사에게도 무오류성이 적용되는 사례는 쉽게 발견된다. 담임목사의 설교나 리더십에 오류가 있다고 지적하면서 그 교회에 남아 있는 자는 없다. 많은 교회 안에 담임목사의 무오류성이 횡행하고 있다.

한국의 오랜 전통인 가부장제는 또 어떤가?

아버지의 무오류성은 어느 가정에나 있다. 아버지는 퇴근이 늦어도 옳다. 술을 마시고 새벽에 귀가하거나 외박을 해도 옳다. 사업을 하다가 실패해도 옳다. 시앗을 보고 혼외 자녀를 두어도 옳다. 물론 지금이야 많이 변했다.

기업에도 이와 유사한 현상이 있다. 그룹 총수의 결단에도 무오류성은 필수적이다. 이 회장이 펴낸 자서전 『호암자전』에 이 회장이 '이것은 나의 뼈아픈 실수다'라든가 '그때 그 결정은 지금에 와서 보니 오류다'라는 언급은 없다. 장남 맹희, 차남 창희와의 갈등 관계를 서술할 때도 이 회장 자신의 '오류' 문제는 비껴갔다.

> 덕희 역시 어머니를 쏙 빼닮아 드물게 보는 미모를 타고 태어났다. 이병철 회장은 인교동에서 딴살림을 차리고 이들 모녀와 오붓하게 살때에 덕희를 눈에 넣어도 안 아플 만큼 항상 무릎에 안고 지냈다고 했다. 그 때문인지 몰라도 본가 여인네들의 극심한 투기가 불행하게도 두 모녀가 소박을 당한 원인이 되었다고 했다.
>
> 이용우, 『삼성가의 사도세자 이맹희』, 216-7.

이 회장은 대구에서도 박소저라는 여인과 딴살림을 차리고 덕희라는 딸을 두었다. 당시에는 흠이 되지 않는다만 이를 '무오류'라 할 수는 없다. 게다가 본가 여인네들의 투기는 이 회장과 박소저를 갈라놓았다. 이후 박소저는 어렵게 살다가 젊은 나이에 딸 하나를 두고 요절한다.

홀로 남은 딸을 돌본 사람은 이 회장이 아니었다. 이 회장의 측근에 있던 사람이 안타깝게 여기고 이 회장 몰래 돌봤다. 나중에 이 회장은 서녀 덕희를 호적에 올려 주고 서사위를 중앙일보 사장에 임명한다. 그렇게 했다고 이 회장의 무오류성이 담보되는 것은 아니다.

사람이 살아가는 세상에 '무오류성'을 지닌 사람은 없다. 가정에도 조직에도 국가에도 없다. 그러나 무오류성은 꼭 필요한 개념이다. 가정에도 기업에도 국가에도 종교에도 필요하다. 그러니 가톨릭 교황의 무오류성만 가지고 탓할 것도 없다.

무오류성은 실현 불가능한 개념이다. 그러나 이 개념이 세상에 있다는 것은 무오류성을 적용해야 하는 사안이 어딘가에 있기 때문이다.

그렇다면 '무오류성'의 진정한 주인은 누군가?

이 회장의 서녀 이야기를 인용했다.

어른들의 비도덕적 행위에서도 생명은 탄생한다. 객관적으로 보면 어른들의 '오류'다. 그러나 태어난 생명, 태어난 당사자 입장으로 볼 때는 사안이 달라진다. 어떤 부모 밑에서 태어나든, 어떤 연유로 태어나든, 설령 원치 않는 임신으로 태어나더라도 태어난 생명 자체에는 오류가 있을 수 없다.

'잘못 태어난 사람'이라는 말은 성립이 안 된다. '태어나서는 안 될 사람'이라는 말도 성립할 수 없다. 생명체 당사자 입장으로 그러하다. 바로 이것이 무오류성이다.

누구나 태어날 때는 엄마의 회음부를 찢으며 폭력적으로 나오지만, 탄생한 생명은 오류가 아니다. 태어난 생명은 무오류하다. 누구든 자신의 태어남을 부끄러워할 필요가 없다. 태어난 모든 사람의 행복할 권리에도 차등이 없다. 장애인으로 태어나든 비장애인으로 태어나든 완벽한 무오류성을 띠며, 행복을 추구할 권리를 가진다. 그러나 한 사람으로서 세상을 살아감에 서는 무오류성이 배제된다.

혹시 생애 전체에 무오류성으로 충만한 인물이 있을까?

성경은 그가 예수라고 답한다. 예수를 통하여 우리는 무오류성 개념을 인지하고 확인할 수 있다. 그리고 우리는 예수 그리스도에 견주어 우리가 무오류할 수 없음을 깨닫는다.

신 중에서는 하나님이 무오류성을 지녔다.

삼위일체 하나님 이외의 다른 신에게는 무오류성이 없다. 그래서 하나님 이외에 다른 신을 섬기면 안 된다. 오직 하나님만이 무오류하다. 그 하나님이 인류에게 내린 성경책 역시 무오류하다.

사람이 무오류성 개념을 감지한 것은 성경책이다.

기독교 안팎에서 성경이 과연 무오류하냐는 논란은 교황 무오류성 이전부터 있었다. 성경을 전적으로 믿는다는 것은 성경의 무오류성을 인정하고 수용함을 뜻한다. 반면 성경이 무오류하지 않다고 주장하는 쪽에서는 성경 일부분에 오류가 있다고 주장한다.

이 주장은 매우 불합리할 뿐 아니라 유익이 없다.

성경 일부에 오류가 있다고 주장하려면 성경 내용 전체를 놓고 둘로 나눌 수 있어야 한다. 그러나 성경 전체를 놓고 오류 부분과 무오류 부분으로 나누는 일은 불가능하다. 나누겠다고 나서는 사람 수만큼이나 각기 다른 결론을 제시할 것이다. 시대별로도 차이가 드러날 것이며, 어느 시대에는 오류였다가 어느 시대에는 무오류가 되는 사례도 속출하게 된다.

성경의 무오류성을 부인하는 이들은 저마다 자기의 편의에 따라 성경 내용을 취하기도 하고 버리기도 한다. 한 개인의 이러한 판단 자체도 수시로 변한다. 틀리다 생각했는데 살다 보니 맞는 것으로 확인이 되기도 한다. 지식수준의 차이에 따라서 성경의 오류 부분 무오류 부분을 나누는 기준과 결과도 천차만별이다.

성경의 무오류성을 부인하는 것은 목적지 없는 여정에 나서는 어리석음이다. 불능인 목적을 향해 나서는 항해처럼 어리석은 것이 성경의 무오류성을 부인하는 태도다.

성경은 오류가 있냐 없냐를 따져서 수용하는 책이 아니다.

오류가 있다고 믿을 건지 무오류하다고 믿을 건지를 묻는 책이다.

무오류하다고 믿으면 기독교인이 되고, 오류가 있다고 믿으면 진정한 기독교인이 아니다. 육신으로 살 때는 몰랐는데, 생애를 마치고 영이 되어 하나님과 만나고 보니 성경의 일점일획도 어긋남이 없더라는 세미한 고백을 살아 숨 쉬는 중에 들을 수 있어야 진정한 기독교인이다.

생명의 탄생, 예수의 생애, 삼위일체 하나님, 성경이 무오류하다.

여기에 사족을 달자면 이것은 입증의 문제를 떠나 믿음의 문제다. 인생은 실증으로 사는 것이 아니라 믿음으로 살아 낸다. 창조주 하나님이 이 세상과 인생을 이렇게 섭리했다. 무오류성 담론은 전능자 삼위일체 하나님에게로 귀착하면서 종결된다.

제22문

신부는 어떤 사람인가? 왜 독신인가?
수녀는 어떤 사람인가? 왜 독신인가?

> 중동 중학은 스포츠가 성했고 특히 구기에 강했다. 나도 축구와 테니스에 열중하였다. 또한, 이 학교에는 지방에서 상경한 학생이 많았다.
>
> 1926년 3학년 가을, 선친으로부터 한 통의 편지가 날아왔다. "너의 혼담이 이루어져, 12월 5일(음력)에 혼례를 올리게 되었으니 귀가하라"는 내용이었다.
>
> 당시는 조혼이 관행이었다. 별생각 없이 선친의 뜻을 따랐다. 사모관대를 갖춘 대군복 차림의 구식 혼례를 올렸다.
>
> 신부는 경상북도 달성군 묘동에 사는, 사육신 박팽년 공의 후손인 순천 박씨 기동 공의 4녀였다. 초례청에서 처음 마주본 인상은 건강한 여성이라는 것이었다. 슬하에 4남 6녀를 두고 반세기 여를 서로 도우며 살았다.
>
> 이병철, 『호암자전』, 33-4.

부모님이 어련히 알아서 결정했으랴마는 그렇다 해도 당사자가 이렇게 무덤덤하게 결혼식장에 나갈 수 있는지 흥미롭다. 이 회장뿐 아니라 그 시절에는 모두가 그랬다. 신랑 신부는 초례청에서 처음 얼굴을 보았다. 이러한 결혼식은 유교의 전통에 따른 것이다.

유교에서는 인륜지대사로서 관혼상제를 중히 여겼다. 관은 성년에 이르렀을 때 치르는 성년식이다. 혼은 혼례로서 결혼이다. 상은 장례를 치르는 예식이고, 제는 죽은 이에 대한 예로서 제사 의례다. 유교에서는 이렇게 네 가지를 사람이 생애 중 치러야 하는 큰일로 꼽았다.

성경의 하나님은 창조주이며 심판주이다.

태어나 죽기까지 삶의 궤적에 따라 심판하는 하나님이시니, 교회는 의당 성도가 천상의 법정에서 의인으로 평결받도록 이끌어야 마땅하다. 이를 위해 로마 가톨릭은 일곱 가지의 성사를 창안했다. 관혼상제보다 세 가지가 더 있다.

세례, 견진, 성체, 고해, 종부(병자), 성품, 혼인 성사가 있다.

일곱 가지 성사로써 가톨릭은 한 사람이 태어나서 죽음에 이르기까지 교회와 연결되어 신앙생활을 하도록 체계화했다.

성도의 생애에 밀접하게 다가가 가톨릭 의례를 집전하는 이들이 신부와 수녀다.

일곱 성사를 만들어 성도를 신앙으로 이끄는 일은 유교의 관혼상제에 비하면 훨씬 세밀하고 체계적이면서 구체적이다.

1517년에 촉발된 종교개혁으로 탄생한 개신교는 가톨릭의 일곱 가지 성사에 대하여 성경적 근거를 따졌다. 개신교에서는 일곱 성사 중 성경적 근거가 희박한 것을 제외했다. 세례와 성만찬, 둘만을 성사로 인정했다. 세례에는 가톨릭의 세례 성사, 견진 성사를 포함하고, 성만찬은 성체 성사의 불완전성을 보완했다.

> '이를 어떻게 하지?'
>
> 만일 우리아가 밧세바의 임신을 용납해 주지 않는다면 율법에 따라 재판을 받아야 한다. 우리아가 전쟁 용사이기 때문에 그 재판의 판관은 다윗 왕이다. 궁궐로 들어가는 성문

> 입구의 재판정에서 판결을 받아야 한다. 그 자리에 서면 자신에게 임신을 시킨 남성을 밝혀야 한다. 어차피 죽어야 하기 때문에 끝까지 남자를 밝히지 않고 홀로 죽어 가는 여인도 있었다.
>
> '나도 그렇게 할 수밖에 다른 도리가 없다!'
>
> 어차피 죽은 목숨인데 아이의 아버지를 밝혀서 같이 죽는 것에 무슨 의미가 있단 말인가. 더구나 아이의 아버지가 재판관이다.
>
> '전하가 뱃속 아이의 아버지입니다.'
>
> 황의찬, 『밧세바의 미투』, 36-7.

이 회장이 신부와 수녀는 왜 독신이냐고 물었다.

이에 대답하자면 로마 교황의 문란한 사생활을 거론하지 않을 수 없다. 이 책에서 로마 교황이나 가톨릭 성직자의 문란함을 나열하기가 썩 내키지 않는다. 마침 황의찬이 쓴 『밧세바의 미투』가 있어서 다윗 입장으로는 억울할지 모르나 그의 불륜을 소환했다.

다윗은 이미 왕비가 많이 있는데도 왕궁 근처에 사는 밧세바라는 여인이 목욕하는 것을 훔쳐본다. 욕정에 불타올라 밧세바를 궁으로 불러들여 겁탈하고 임신시킨다. 다윗이 자신의 성폭력 사태를 해결코자 꾀를 냈다. 전쟁터에 나가 있는 밧세바의 남편 우리아를 불러들여 부부간 동침토록 하겠다는 것이었다. 그러나 이 잔꾀는 실패한다.

결국, 다윗은 살인을 교사하여 우리아를 죽인다.

하나님은 이에 크게 노하여 다윗에게 징벌을 내린다. 이 서사가 들어 있는 성경을 경전으로 하는 기독교의 교황과 감독 그리고 신부 수녀의 성적 문란이 다윗을 뛰어넘었다. 안팎으로 비난이 하늘을 찔렀다. 어떻게든 이 문제를 해결하지 않으면 안 된다.

1123년 로마의 라테란 궁전에서 교황 갈리토스 2세가 공의회를 소집했다. 여기서 해결책이 나왔다. 교황을 포함한 모든 신부와 수녀는 독신이어야 한다고 결정했다. 이로써 그동안 들끓었던 신부 수녀 등 성직자의 성적 문란과 세습으로 인한 폐해를 해소코자 했다. 격렬한 반대에도 통과된 성직자 독신주의는 이후로도 많은 논란을 이어왔다.

결혼을 포기하면서 신부, 수녀가 된다는 것은 놀라운 결단이 아닐 수 없다. 오직 삼위일체 하나님을 섬기는 일에 평생을 내놓는 가톨릭의 신부와 수녀의 독신주의에 대해 세상은 비교적 좋게 보는 듯하다. 자기희생 없이 어찌 거룩해질 수 있으랴.

> 중지를 모으기 위하여 1958년에 '한국경제연구소'를 설립했다. 내가 소장을, 홍성하 씨가 간사장직을 맡았다. 삼화빌딩에 150평 남짓한 사무실도 마련하였다.
> 이기붕 김영선 김유택 임문환 주요한 송방용 씨 등을 위시하여 정치·경제·학계의 중진들이 거의 빠짐없이 여기에 참여하여, 한국경제의 앞날을 놓고 서로 진지하게 의견을 나누었다.

외교구락부를 중심으로 오찬이나 만찬을 함께 하면서, 외국 원조 없이 지탱할 수 있는 한국경제의 재건 자립 방안을 토의했다. 그러나 1959년까지 2년에 걸쳐 논의를 거듭했으나 뚜렷한 결론을 얻지 못했다.

이때 나는 이미 사업에 종사하는 한 기업인의 입장을 넘어, 이 나라 경제 전체의 장래를 걱정하는 처지에 놓여 있다는 것을 자각하게 되었다. 그러나 국가의 경제정책의 방향이 모호하고 경제전망이 불투명하여, 참으로 우울한 나날을 보낼 수밖에 없었다.

이병철, 『호암자전』, 152-3.

이 회장은 사업가로 시작했지만, 열심히 달리다 보니 국가 경제정책의 방향을 논의하는 자리에까지 와 있음을 자각했다고 고백한다.

사업을 시작할 때는 자신이 나라의 경제를 도모하는 중차대한 자리에 오르겠다는 생각을 하지 않았지만, 어느 날 자신의 양어깨에 조국 경제 부흥의 사명이 지워져 있음을 깨달았다.

누가 이렇게 이 회장을 전후 한국의 산업발전 기수로 부르고 사명을 주었을까?

이 회장은 누가 자신에게 크나큰 사명을 주었는지는 궁금히 여기지 않았다. 단지 열심히 감당하고자 했다. 세상이 알아주든 안 알아주든 그 사명을 귀히 여기고, 때로는 피눈물을 흘려가면서도 그 사명을 놓지 않았다.

살아가노라면 자신이 의도하지 않았던 귀중한 사명을 떠맡게 되기도 한다. 이러한 사명을 감당케 하는 부름은 다양하게 나타난다. 그중에 하나님 나라의 확장을 위해 평생을 성직자로 살도록 부르는 소명 곧 '콜링'(calling)이 있다.

창조주 하나님은 자기의 피조물 인간에게 성경을 전했다. 그리고 성경을 경전으로 하는 기독교인이 되어 살아가도록 초청한다. 그리고 그들의 삶과 신앙을 돕는 일에 전무 하도록 특별한 신분으로서 목사 전도사 또는 신부 수녀로 불러세운다.

일반 성도는 직장을 가지거나 사업을 하면서, 혹은 가정을 꾸리면서 비기독교인들과 어울려 산다. 이들을 하나님의 나라 신실한 시민으로 인도하는 직임이라서 성직이다.

성직에는 일반직에 적용되는 수준의 도덕과 윤리보다 훨씬 높은 차원이 요구된다. 그런데도 이를 감당하겠다고 서원함으로써 성직자가 된다. 로마 가톨릭은 이를 위해서 독신주의가 필요하다고 판단하고 시행하고 있다.

16세기 종교개혁자들은 독신주의는 성경적이지 않다고 결론을 내리고 새로 탄생하는 개신교에서는 성직자의 독신주의를 폐기했다.

이 회장은 자기에게 사명을 준 이가 누구라고 생각했을까?

성경적 혹은 신학적으로 볼 때 이 회장에게 사명을 준 이도 하나님이다. 하나님은 세상의 주인이고 역사를 주관하는 분이다. 종교개혁 이전 하나님의 콜링은 성직자로의 초청뿐이라고 해석했다. 그러나 종교개혁을 통해서 세상 모든 이들에게도 하나님은 사명을 주기 위해 '콜링'한다고 확장 해석했다. 성직뿐 아니라 성도의 직업도 하나님의 초청에 따른 것이라고 바르게 해석했다. 직업에 귀천이 없다는 말은 매우 성경적이다.

만일 이 회장이 사망하기 전에 예수 그리스도를 자기의 주인으로 영접하고, 창조주 하나님을 아버지로 부르는 성도가 되었더라면 1958년 마흔여덟의 나이에 확신을 가진 국가 경제 부흥의 사명도 하나님이 주신 것임을 알고, 하나님이 나에게 이 사명을 주셨다고 고백하면서 자기가 누린 모든 것도, 자기 눈앞에 있는 거대한 부귀영화도 하나님의 것이라고 고백하고 영광을 하나님께 돌렸을 터이다.

제23문

천주교의 어떤 단체는 기업주를 착취자로,
노동자를 착취당하는 자로 단정, 기업의 분열과 파괴를
조장하는데 자본주의와 미덕을 부인하는 것인가?

> "공장 기숙사에 화단까지 꾸미라고 내가 일일이 지시했고 어떤 꽃을 심어야 하는 지에 대해서도 신경을 썼다. 물론 기숙사의 식당도 꽤 신경을 기울여서 만들었는데 애써 고기 반찬을 해주어도 그걸 못먹는 여공들이 있어서 애를 먹었다."
> '직원들이 악덕 기업주를 규탄하며' 스트라이크를 일으키던 시절 "직원들이 오해를 하는 것 같아서 안타까웠다"는 말을 하면서 아버지가 나에게 들려준 이야기다.
> 실제 당시 여공 중의 약 10% 정도가 고기를 먹지 못했다. 시골에서 어려운 생활을 하면서 고기를 먹어본 적이 없어서, 고기를 먹으면 알레르기 반응을 일으키곤 했다. 그래서 당시로서 퍽 귀한 고기반찬을 해주어도 입에 대지를 못했던 것이다. 그런 여공들을 위해서 아버지는 화단의 꽃을 무엇으로 심어야만 어린 나이에 집을 떠나서 향수병에 걸린 여공들의 마음을 편하게 할 수 있을까 고민하곤 했다.
>
> 이맹희, 『묻어둔 이야기』, 104-5.

1954년에 이 회장은 제일모직을 설립하고 이어서 공장을 대구에 지었다. 일시에 천여 명이 넘는 여공을 채용했다. 당시 한국의 일인당 국민소득이 1백 달러에도 못 미치던 시절이다.

사주 이병철 회장은 공장을 설립하면서 스무 살 안팎의 앳된 소녀들에게 일 시킬 것을 생각하면서 꼼꼼히 배려했다. 이 회장은 자서전에서 국내 최고의 시설에 최고를 뛰어넘는 조경으로 공장 환경을 꾸

몄음을 밝힌다.

이병철 회장은 한국 사회 제1세대 기업가이다.

이 회장이 서른여섯 살에 해방을 맞이했다. 일제강점기에도 기업이 있었고 조선 시대에도 보부상단(商團) 등이 있었지만 자본주의 아래 기업을 설립한 세대로서 이병철 회장은 단연 선두주자이다. 제1세대 기업가들은 돈벌이보다 조국을 먼저 생각하는 애국심이 각별했다.

물론 그렇지 않은 이들도 많았다. 8.15 해방 직후 한국에는 일본인 소유였던 재산이 대단히 많았다. 약삭빠른 이들은 일본인이 소유했던 재산이나 기업을 정부로부터 터무니없는 헐값으로 인수, 사익을 취했다. 이 회장은 삼성은 그렇지 않다고 자부하며 긍지를 가졌다.

제1세대 기업가로서 근로자를 가족처럼 여기는 마음으로 정성을 쏟으며 시작했지만, 그가 헤쳐 나가야 할 고비는 첩첩산중이었다. 이 회장은 여종업원을 위해 기숙사 마루 밑에 땅을 파고 김장독을 묻어 입맛을 돋우고자 안간힘을 다했으나, 온정주의로 노사 문제를 해결하기에는 한계가 있었다. 자본주의를 바탕으로 하는 기업가로 탈바꿈해야 했다. 국내 정세의 높은 파고도 헤쳐 나가야 한다.

> 나는 평소의 의견을 다음과 같이 털어놓았다.
> "아직도 전시재정을 위해 세수의 증대만을 꾀했던 1950년대의 세제가 그대로 답습되고 있다. 법인세·사업소득세·물품세 등 그 세법 체계 자체에 기본적인 모순이 있는데, 영업

세나 부과 제세까지 부가되므로 그것을 전부 합치면 결국 세율이 수익의 120%에 이르게 된다. 이 모순을 정부도 알고 있었기에 세법개정안이 국회에 제출되었던 것으로 안다. 많은 기업이 탈세했다고 하지만 근원적인 문제는 다른 데 있다. 기업을 존속시키는 것이 국가를 위하는 일이라는 것은 누구나 인정하는 사실이다. 불합리한 세제는 덮어두고 그에 희생되었던 기업만 부정축재로 몰아 단죄하는 것은 사리에 어긋난다. 처벌에 앞서 세제를 개정하는 것이 일의 순서일 줄 안다."

이병철, 『호암자전』, 170-1.

1960년 4·19혁명이 발발했다. 삼성 산하의 15개 기업체 모두 탈세기업 리스트에 올려졌다. 이 회장은 난생처음 검찰 조사를 받는다.

"그동안 탈세로 모은 재산이 얼마나 되느냐?"

"아직 자세히 계산해 보지 못했다."

"왜 탈세를 했느냐?"

이 질문에 이 회장이 위와 같이 대답했다. 이 회장의 지적은 옳았다.

국회는 4·19와 5·16 이후 10여 년간 선진국의 노동법안을 부지런히 베껴 와 입법했다. 선진국 수준으로 입법이 되었는데, 문제는 노동현장이었다. 1970년대 한국 노동계는 실정법과 노동현장 사이 괴리 극복이 최대의 관건이었다.

한국의 역대 정권은 친사용자 정책을 폈느냐, 친근로자 정책을 지향했느냐로 극명하게 나뉜다. 14대 김영삼 대통령에 이르기까지 역대 정권은 친사용자 편향의 정책으로 흘렀다. 이 회장이 기업을 경영하던 시절 정부는 근로자보다는 사용자에게 우호적이었다. 당연히 근로자의 볼멘소리가 이곳저곳에서 터졌다.

그 무렵 근로자의 애타는 호소를 한마디로 집약한 사건이 터졌다.

"근로기준법을 준수하라!"

1970년 11월 19일 서울 평화시장 재단사 전태일이 노동현장의 비인간적 실태를 세상에 고발하고, 스물두 살 꽃다운 청춘이 불길에 휩싸였다. 이 불길은 한국 사회에 노동운동, 학생운동, 기독교의 사회참여 도화선이 되었다. 전태일은 쓰러졌지만, 그의 이야기는 일어섰다. 그의 이야기는 조국의 민주화로 살아났다.

> 네 성 중에 거류하는 객과 및 고아와 과부들이 와서 먹고 배부르게 하라 그리하면 네 하나님 여호와께서 네 손으로 하는 범사에 네게 복을 주시리라(구약성경 신명기 14:29).

구약성경은 일관되게 고아와 과부와 나그네를 대접하라고 강조한다. 예수 그리스도는 이웃을 자신과 같이 사랑하라고 했다. 근로자들이 억울함을 품고 찾아오면 교회는 그들을 고아와 과부와 나그네 대하듯 극진히 섬기되 그들을 '자신과 같이' 사랑해야 한다.

이 회장 생전에 천주교에는 정의구현사제단이 활동했다. 개신교에는 도시산업선교회가 있었다. 두 기관이 노사분규에 적극 개입했다. 교회를 찾아온 근로자의 하소연에 귀를 기울이다 보니 해당 기업의 기업주를 '착취자'로 몰아세우기도 했다. 당시 도시산업선교회는 '도산'이라는 약칭으로 불렸는데, '도산이 개입하면 회사가 도산한다'는 언어유희가 회자되었다.

교회가 파업노동자를 보호하고 더 나아가서 근로자의 이익을 관철하는 데까지 나가게 되면서 정부의 노동정책을 비판했다. 그렇게 맞서다 보니 반정부 투쟁이 되었다.

민주주의 정부가 시장 개입을 어느 선까지 해야 하는지 묘안을 찾아내야 한다면, 기독교회는 현실 정치에 어느 선까지 관여하는 것이 성경적인지 찾아내야 한다.

예수가 활동하던 당시로 거슬러가 보자.

구약에서 예고한 선지자로서, 자기 뒤에 오는 메시아를 선포하는 사명을 매우 훌륭하게 완수한 이가 세례 요한이다. 요한은 예수가 메시야라고 내외에 선포하고 예수에게 침례를 베풀었다.

유명인사가 된 요한이 정치에 개입했다.

유대 왕 헤롯이 자기 친동생의 아내인 헤로디아를 왕비로 맞아들인 일을 정면으로 비판했다. 헤롯은 죄목을 만들어 요한을 잡아들였다. 감옥에 갇힌 요한은 매우 착잡했다. 자기의 구금 소식을 들었을 터인데, 예수는 아무런 조치도 하지 않았다. 요한은 제자를 예수에게 보내 질문했다.

"내가 당신을 메시아로 선포했는데 제대로 한 겁니까?"

"나로 말미암아 실족하지 않는 자가 복이 있다"

예수는 이렇게 대답하고 예루살렘을 떠나 갈릴리로 갔다.

이후 요한은 감옥에서 참수당한다.

구약 시대 선지자들은 현실 정치의 타락상을 신랄하게 꾸짖었는데, 예수는 왜 옥중에 요한을 두고 떠났을까?

> 각 사람은 위에 있는 권세들에게 복종하라 권세는 하나님으로부터 나지 않음이 없나니 모든 권세는 다 하나님께서 정하신 바라(신약성경 로마서 13:1).

1974년 11월 9일 '한국기독실업인회'가 김종필 총리를 초청해서 기도회를 열었다. 이 자리에서 김종필 총리가 인사말을 통해 위의 성경 구절을 인용하면서 '왜 한국의 기독교가 정권에 복종하지 않느냐'고 비판했다.

9일이 지난 후 기독교계에서 '한국 그리스도인의 신학적 성명'이라는 제목으로 입장을 표명했다. '모든 제도나 법은 인권을 존중하는 범위 내에서만 인정된다. 절대화된 권력이 인간의 권리를 유린한다면 교회는 투쟁할 수밖에 없다.'

기독교실업인 단체가 비기독교인인 현직 국무총리를 위한 기도회를 연 일이나, 그 모임에 참석한 당사자가 정권에 대립하는 교회에 대해 성경 구절을 인용하여 비판한 일이나, 그에 대해 성명을 발표하는 기독교계의 태도에 대해 이제 와서 시시비비를 가리기 보다는 김종필이 인용한 로마서 13:1에 주목해 보자.

로마서는 서기 57년경 바울이 로마 교회 성도에게 보낸 편지다. 당시 로마는 반기독교 정책을 펴면서 기독교인을 핍박했다. 그런데 당시의 기독교 지도자 바울이 '위에 있는 권세에 복종하라' 했다. 초대 교회는 이 말씀에 절대 순복했다. 그러나 예수 믿지 않는 이스라엘 국민은 그렇지 않았다. 그들에게 로마는 부당한 정복자였고 그들에게 항거함이 곧 애국이었다.

서기 66년 '유대 전쟁'이 발발했다.

이스라엘은 대동단결하여 로마에 맞섰다. 로마는 3만 명의 대군을 파병했다. 로마가 패했다. 역사상 로마가 식민지 백성에게 패한 가장 큰 전쟁이었다. 바울의 '위에 있는 권세들에게 복종하라'는 말에 따라 요단강 동쪽 펠라 지역으로 숨어들었던 유대 기독교인들이 치사하고 비겁한 것으로 판가름 났다.

싸우면 이길 수 있는데 굴복하라니, 그게 어떻게 진리란 말인가?

그러나 싸움은 덜 끝났다.

4년 뒤인 서기 70년, 로마 장군 티투스가 다시 대군을 이끌고 예루살렘을 침공하여 철저히 유린했다. 이때 전사한 유대인이 110만 명, 포로 9만 5천 명이었다. 살아남은 유대인 7백만 명은 유럽 전역으로 뿔뿔이 흩어졌다. 예루살렘 성전은 돌 하나도 돌 위에 남지 않고 허물어졌다. 성전 안에는 엄청난 양의 금과 은이 있었다.

로마는 그 금과 은을 전리품으로 병사들에게 나눠줬다. 전쟁에 이기고 횡재한 병사들은 일시에 금을 내다 팔았다. 당시 로마의 금값이 반 토막 났다고 역사는 기록한다. 로마 황제 베스파시안은 나눠 주고도 남은 금으로 로마에 원형 경기장 하나를 건설했다. 콜롯세움이다.

싸움은 더 있었다. 아직 진검승부가 남아 있다.

위에 있는 권세들에게 복종하지 않은 이스라엘은 철저히 망했지만, 위에 있는 권세들에게 복종한 초대 기독교회는 300년이 지난 후 로마 제국의 국가 교회가 된다. 로마가 하나님 권세에 복종하겠다고 선언한 셈이다.

> 세계가 다 내게 속하였나니 너희가 내 말을 잘 듣고 내 언약을 지키면 너희는 모든 민족 중에서 내 소유가 되겠고 너희가 내게 대하여 제사장 나라가 되며 거룩한 백성이 되리라 너는 이 말을 이스라엘 자손에게 전할지니라(구약성경 출애굽기 19:5~6).

법치주의의 원조는 하나님이다.

하나님은 모세를 앞세워 이집트에서 노예로 살고 있는 이스라엘 민족을 탈출시켰다. 모세가 그들을 시내산까지 데리고 왔을 때 하나님은 이스라엘 민족에게 법을 수여한다.

하나님은 이 법을 지키겠느냐고 이스라엘 백성에게 물었다.

법을 받아든 이스라엘은 이 법을 지키고 하나님의 언약 백성으로 하나님의 소유가 되며, 제사장 나라로서 거룩하겠다고 다짐했다. 그러나 이스라엘 백성은 도장 찍고 돌아서기 바쁘게 약속을 어긴다.

이병철 회장은 기독교회의 현실 정치 참여, 사회 참여는 어디까지가 합당한지 묻는다. 아울러 민주주의 정부의 자본주의 시장경제 관여도 어디까지인지 아울러 숙고하도록 이끈다. 그리고 진리의 말씀이 인류의 역사 속에서 어떻게 역동성을 발휘하는지 통찰하게 한다.

유럽의 기독교인들이 조성한 문화를 바탕으로 민주주의와 자본주의가 탄생하여 중세를 지나 근대를 거쳐 현대에 이르는 동안, 유대 전쟁으로 역사에서 사라졌던 이스라엘이 1천 8백 년 만에 다시 그 땅에 나라를 회복했다. '위에 있는 권세들에게 복종하라'는 신약성경의 한 구절이 어떻게 진리로 입증되는지 아직도 진행형이다.

기독교는 도달이 아닌 길 위의 신앙이다. 역사는 기독교가 진리인지 아닌지를 하나하나 밝혀낸다. 아직도 그 여정은 계속되고 있다. 목적지에 꽂힌 푯대를 바라보고 가는 중이다. 그 길에 '하나님의 이야기'가 있다. 하나님은 이야기로 우주를 만들었다.

플라톤이 말했다.

'이야기를 만드는 자가 세상을 지배한다!'

이병철 회장은 이야기로 삼성을 지배했다. 마지막 질문으로 이병철 회장은 '종말에 대한 이야기'를 묻는다. 종말이 오기까지 진리의 말씀인 성경의 이야기가 어떻게 역사를 이끌어갈지 사람으로서는 알 수 없지만 마침 질문해 주었으니 종말을 이야기해 보자.

제24문

지구의 종말은 오는가?

"지구의 종말이 오는가?"

젊고 팔팔한 이들은 이런 질문 안 한다.

종말을 화두로 끌어오는 이는 주로 인생을 깊이 관조하거나 황혼에 이른 어른들이다. 그 덕분으로 생의 한가운데에서 종말에 대한 담론이 가능해진다.

흰 것은 검은 것에 비교될 때 개념이 드러난다.

선은 악이 대비될 때 곱디곱고, 삶은 죽음에 대비될 때 의미가 분명하게 드러난다.

천국은 지옥을 떠올려야 낙원으로 다가온다.

죽음과 무관한 것처럼 사는 삶보다 죽음 너머에도 관심을 두는 삶과 인생이 더 값지다.

하나님이 천지를 창조했다고 믿는 신앙이 빛나는 것은, 창조적 충동 없이 우주가 만들어졌다는, 즉 동기 없는 결과의 터무니없음이 견주어질 때이다.

지구 중심 우주론에서 태양 중심 우주론을 거쳐 빅뱅 이론에 이르기까지의 연구에는 창조적 충동이 없다.

사물의 시작에 창조적 충동이 없다는 것은 주어가 없다는 뜻이다. 주어 없는 네러티브는 공허하다. 숫자를 적으면서 맨 앞에 유효수를 적지 않고 질정 없이 영을 첨가하는 것과 같다.

우주의 시작과 끝의 이야기로서 성경은 '하나님'이 주어다.

숫자로 치자면 맨 앞의 첫 숫자가 '하나님'이다.

> 애국심, 공과 사의 구별, 봉사 정신, 어버이나 형제 그리고 남을 헤아리는 성실한 마음가짐…, 이것들이야말로 인간 본연의 모습이며, 제도나 법률을 초월한 인간사회의 기본규범, 즉 도의이다. 동서고금의 역사가 말해 주듯, 도의가 땅에 떨어지고 망하지 않은 국가는 없다.
>
> 이병철, 『호암자전』, 276.

이 회장은 마지막으로 지구의 종말을 간명하게 물었다. 질문에 대답을 못 듣고 이 회장은 작고했다. 개인의 종말을 맞이했다.

이 회장은 도의가 떨어질 때 나라가 망했다고 역사를 해석했다. 인간이 본연의 모습을 잃을 때, 남을 헤아리는 성실한 마음이 바닥났을 때, 종말이 도래한다고 온당하게 관조했다.

국민이 나라를 사랑하지 않으면 그 나라도 사라진다. 망하는 나라들은 다 이유가 있다. 지구의 종말도 그렇다.

지구가 무엇을 잃을 때 종말이 올까?

> 발전이 멈추면 그것이 곧 죽음이다
>
> 보보시도장(步步是道場), 이것이 인생이다. 언제 어디서 들은 말인지는 모르지만 나는 가끔 이 말을 되새겨본다. 사람은 늙어서 죽는 것이 아니다. 한 걸음 한 걸음 길을 닦고 스스로를 닦아나가기를 멎을 때 죽음이 시작되는 것이라는 생각이 든다.

-1976. 6. '재계 회고' 「서울경제신문」에서
김찬웅, 『이병철 거대한 신화를 꿈꾸다』, 249.

이 회장이 작고하기 10여 년 전에 쓴 글이다.

보보시도장, 한 걸음 한 걸음 모든 것이 인생이라는 뜻이다. 이순 후반에 이른 재계의 거장이 인생을 반추하면서 떠올린 법어다.

하나님은 한 사람 한 사람을 이 땅에 보내면서 그에게 사명을 준다. 태어나자마자 그 사명을 감당한다. 태어난 생명을 품에 안은 부모에게 살아야 할 의미를 주는 첫 사명부터 시작한다. 그리고 자라서는 자기가 수행해야 할 미션을 찾아 나선다.

"나는 어떤 일을 해야 하는가?"

누구에게나 주어진 질문이다. 자기가 해야 할 일을 찾아서 평생 열심히 수행했더라도 노년에 이르면 기력이 쇠해져서 하던 일을 접어야 한다. 이 회장은 자신이 그렇게 열심히 일하는 이유를 '창조적 충동'이라고 했다.

하나님이 우주만물을 창조한 이유도 '창조적 충동'이다.

> 나는 빛도 짓고 어둠도 창조하며 나는 평안도 짓고 환난도 창조하나니 나는 여호와라 이 모든 일들을 행하는 자니라 하였노라(구약성경 이사야 45:7).

"하나님, 왜 그렇게 열심히 창조하셨습니까?"
"창조적 충동이라고 말하겠다!"

인간은 하나님의 속성을 닮았다. 이 회장이 자기의 역동적 기업활동의 이유를 묻는 기자의 질문에 '창조적 충동'이라고 대답한 것은 그에게 스며 있는 하나님의 형상 때문이다. 창조는 창조적 충동으로 한다. 창조적 충동에는 창조의 목적이 있다.

이 회장은 창조적 충동을 이야기하면서 자기 안에서 창조적 충동을 일으킨 동인이 무엇인지는 설명하지 않았지만, 그의 자서전을 통하여 드러난다. 자녀의 행복과 가정의 평안을 이루어야 한다는 목적이 나중에는 사업보국으로 발전했다.

하나님에게 창조적 충동을 불러일으킨 창조의 목적은 무엇일까?

> 하나님은 사랑이심이라(신약성경 요한일서 4:8).

메타포 중 최고 메타포다.
은유의 최고봉은 "하나님은 사랑"이라는 아포리즘이다.
사랑이 하나님으로 하여금 창조적 충동을 일으켰다.
사랑이라는 콘텐츠에 꽂힌 하나님이 사랑을 창조하려다 보니, 사랑 아닌 것도 창조해야 했다. 사랑 아닌 것에 견주어질 때 사랑은 비로소 실체를 드러낸다. 하나님은 빛뿐 아니라 어둠도 창조한다. 빛을 드러내기 위해서는 어둠이 필요하다. 하나님은 평안뿐 아니라 환난도 창조했다. 평안을 설명하자면 환란이 무엇인지 가르쳐야 한다. 민주주의를 이해하려면 공산주의를 알아야 함과 같다.

'사랑하고 사랑받기 위하여.'

이것이 하나님의 창조목적이다. 하나님의 시작이다. 하나님은 사랑할 뿐 아니라 사랑받고 싶다. 사랑에서 '사랑받기'를 명심하자.

> "전능자는 전능하니까, 전능자가 사랑을 베푼 그 객체가 전능자 자신을 사랑하도록 하면 되지 않을까요?"
>
> "얼른 생각하기에는 간단한 것 같아요! 그러나 사랑이라는 것이 무엇인지 사랑의 속성을 먼저 정리해 둘 필요가 있습니다."
>
> 사랑을 이해하기 위해서 사랑과 대립하는 개념 하나를 떠올리면 쉽게 이해할 수 있다. 어떤 주체의 행위가 사랑이냐 아니냐를 가늠해 볼 때 끌어와야 할 개념이 '조건반사'다. 어떤 행동이 조건반사라면 그것은 사랑이 아니다. 왜냐면 사랑은 조건에 따른 반동이나 보답이 아니기 때문이다.
>
> "당신이 나를 사랑해 주니까, 나도 당신을 사랑하지!"
>
> 이렇게 되면 벌써 그것은 사랑 이전의 조건반사가 된다. 진정한 사랑은 '당신은 나를 미워할지라도 나는 당신을 사랑해!' 이 말이 진실일 때 비로소 사랑이다.
>
> 황의찬, 『붕어빵』, 101-2.

전능자 하나님은 창조적 충동으로 천지를 창조하고 사람을 지었다.

하나님은 그들을 사랑하고 그들로부터 사랑받기를 원한다. 이를 위해 하나님은 오래 참는다.

하나님도 너무 오래 참다보면, 새롭고 다른 충동을 받을 수도 있지 않을까?

하나님이 매우 오래 기다리는 중에 '멈출 줄 모르는 인간의 죄악으로 인해 그들로부터 더는 사랑받을 수 없겠다' 하는 생각이 더 커진다면 어떻게 될까?

전능자가 '창조적 충동'이 아니라 '파괴적 충동'에 기울지도 모른다.

창조주 하나님이 파괴적 충동으로 당신의 창조를 거두어들인다면 그때가 바로 우주의 종말이 될 수도 있지 않을까?

성경은 창조와 종말에 대해서 단호히 밝힌다.

성경의 첫 책인 창세기에서는 창조를, 마지막 책인 요한계시록에서는 종말을 선포한다.

우주의 생성에서 종말에 이르는 이야기에 주어가 있는 서사가 성경이다.

주어는 하나님과 사람이다. 하나님과 사람 사이 러브스토리가 이 세상 이야기다. 이에 반하여 주어가 없는 서사가 있다. 성경을 도외시하고 비롯한 창조 종말 이야기에는 단연코 주어가 없다.

빅뱅을 일으킨 주체도 없다. 진화를 주도하는 주인도 없다. 종말로 이끄는 주체도 없다. 진화론에서는 자연선택을 거론하며 자연이 선택한다고 하는데, 자연은 빅뱅 이후 나타난 현상이다. 주어가 될 자격이 없다. 한마디로 과학이 밝히는 우주의 시작에서 끝에 이르는 내러티브에는 주어가 없다.

시작과 종말에 관하여 우리는 두 개의 이야기를 가진다.

주어가 있는 이야기와 주어가 없이 전개되는 이야기다.

두 이야기는 종말에서도 확연히 구분된다. 주어 없는 서사는 종말 이후에 대해서 언급이 없다. 주어가 없으니 당연하다. 주어 있는 서사에는 종말 이후에도 주어가 살아 있다. 하나님은 살아 있다!

> 보라 내가 새 하늘과 새 땅을 창조하나니 이전 것은 기억되거나 마음에 생각나지 아니할 것이라(구약성경 이사야 65:17).

> 또 내가 새 하늘과 새 땅을 보니 처음 하늘과 처음 땅이 없어졌고 바다도 다시 있지 않더라(신약성경 요한계시록 21:1).

'끝은 새로운 시작'이라는 경구처럼, 성경은 지구를 포함한 우주의 종말이 새로운 시작이라고 선포한다. 구약성경에서 이사야 선지자가 '새 하늘 새 땅'을 예고하고, 신약성경에서 사도 요한이 새 하늘 새 땅을 보다 구체적으로 묘사한다.

종말은 누구에게나 두렵다.

종말을 경험하고 들려주는 이가 없으니 더 두렵다.

하나님은 자기의 피조물이 두려워하는 것을 원치 않는다.

하나님은 인류에게 성경을 주었다.

성경이 종말이 있다고 천명한다.

성경은 믿는 자에게 종말은 두려움이 아니라 새로운 소망이라고 확인해 준다.

창조주 하나님의 이야기 속 종말은 새로운 소망이다.

아멘

주 예수여 오시옵소서

주 예수의 은혜가

모든 자들에게 있을지어다

아멘(신약성경 요한계시록 22:20~21).

시작과 종말에 관하여
우리는 두 개의 이야기를 가진다.
주어가 있는 이야기와
주어가 없이 전개되는 이야기다.

추천사 2

이병철의 하나님 & 황의찬의 하나님

박 상 봉 목사
서울 마포구 망원동 평강교회 담임

우리는 고통당하는 자를 만나면, 더 낮은 곳을 바라보라고 위로한다. 아무리 힘들고 어려워도 세상에는 그보다 더 큰 역경에 처한 사람이 있는 법이다. 그래서 위로할 수 있으며, 위로받을 수 있다. 이 책의 저자 황의찬은 위로받기보다는 고난에 빠진 자에게 위로를 주는 삶의 자리를 지키는 목회자이며 신학자다.

황의찬 목사의 두 자녀는 모두 농아다. 농아는 수어를 쓰는 수어인, 상대의 입 모양을 보고 음성으로 표현하는 구어인이 있는데, 저자는 두 자녀를 모두 구어인으로 키웠다. 청력이 거의 없어 소리의 개념조차 없는데 목소리로 표현하도록, 인내하면서 훈련으로 양육한 부모의 피눈물을 어찌 가늠할 수 있으랴!

두 자녀를 그렇게 키웠는데 둘째인 아들이 스물일곱에 세상을 등졌다. 참척의 고통까지 짊어진 친구에게 무어라 위로할 말을 찾을 수 없었다. 더한 역경도 있으니 바라보라는 말을 차마 입에 올리지 못했다. 그러한 중에도 황의찬 목사는 묵묵히 목회를 이어 갔다. 딸에게는 수어인을 배필로 짝지어 줬는데, 설상가상 결혼 5년 만에 파경을 맞았다. 손녀, 손자 둘을 데리고 돌아온 딸을 다시 품에 안으면서, 황의찬은 하나님이 자신에게 주신 사명을 캐내는 데 게으르지 않았다.

늦깎이로 목회자가 되어 신학 박사(Th.D.) 학위를 취득하고, 학위 논문을 『하나님의 기름부음』이라는 제목의 책으로 출판했다. 그리고 농아인 부모로서 하나님과의 사투 같은 기도 속에서 자전적 참회록 『침묵하지 않는 하나님』을 냈다. 자신이 당한 고난의 자리에서 하나님께 절규했는데, 하나님은 침묵하지 않고 응답해 주셨음을 절절히 담아낸 참회 문학의 역작이다.

자신이 처한 고난의 자리에서, 세상에 고통과 악을 허락하시는 하나님의 섭리와 경륜, 그리고 그 깊은 사랑을 치밀하게 드러내는 『붕어빵』을 펴내고, 미투 열풍이 몰아닥칠 때는 다윗의 아킬레스건인 밧세바와의 스캔들을 정면으로 다루면서 회개를 주제로 『밧세바의 미투』를 펴내어 기독교 문단에 상당한 반향을 불러일으켰다. 그는 쉬지 않고 질풍노도처럼 『아담은 빅뱅을 알고 있었다』를 내놓음으로써 진화론이나 과학과의 어설픈 조화를 시도하는 여타의 창조론과는 차별된 새로운 방법론을 제시했다.

저자의 고난이 하나님을 세상에 알리는 '책 쓰는 목사'로서 만개하는 듯 보였다. '상처는 사명의 도구'라고 말한다. '상처가 변하여 별이 된다'(Scar into star)라는 영국 속담도 있다. 저자의 실존을 접하면서 늘 떠올리는 말들이다. 상처의 흔적을 치유하고 채워 가면서도 버티는 나무처럼 꿋꿋하게 서 있는 친구가 자랑스러웠다.

막역하게 지내는 어떤 친구한테서 "나는 너를 보면서 위로받는다"는 말을 직접 듣고는 당황스러웠지만, 이내 "그래, 나라도 바라보고 위로를 받으라"고 응대했다는 저자의 말을 전해 듣고는, 그렇게 말해야 했던 분의 어려움도 안타까웠으나 긍정적으로 수용한 저자의 마음 씀도 아팠다.

되돌아온 딸과 손주들을 품으면서 겪는 아픔을 멀리서 전화로나마 자주 나누는 중에, 저자가 주목한 것은 호암 이병철이 작고하기 전 남긴 '하나님에 대한 질문 24가지'였다. 기왕에 답변서가 네댓 권 나왔지만 자기만의 답변서를 쓰고 싶다고 했다. 왜 쓰고 싶으냐고 물었더니 지금의 현실에서 자기가 하나님께 집중하는 대안으로서 돌파구 삼고 싶다고 했다. 속으로 그렇게 해서 책이 될까 싶었으나 힘든 친구를 북돋워 줘야겠기에 맞장구를 쳐 주고, 그것 말고 다른 이유는 또 없느냐고 물었다.

답변서를 쓰기 위해 여러 자료를 섭렵하는 중에 이병철의 삶 굽이굽이에서 되레 자신이 큰 위로를 받고 있다는 다소 의아스러운 답을 했다. 위로는 자기보다 못한 사람으로부터 받는 것이 아니던가, 호암 이병철은 한국인뿐 아니라 세계적으로도 부러움을 받는 위인이라고 해도 지나치지 않다. 그런데 고난의 사람 황의찬이 이병철 회장의 삶에서 위로를 받는다니, 잘하면 한 권의 책이 될 수도 있겠다는 생각이 비로소 들었다.

얼마의 시간이 지난 후 책의 제목은 정했냐고 물었더니 『이병철의 하나님』이라고 했다. 이건 또 웬 소린가. 하나님은 믿는 자의 하나님이라고 말할 때 자연스럽다. 세간에 알려지기로 이 회장은 기독교인이 아닌 것이 분명하다. 암튼 나중에 보자고 했다.

또 시간이 얼마간 흘렀다. 이번에 전해 온 소식은 황의찬 목사 자신이 전립선암 말기 진단을 받았다는 것이었다. 고난은 첩첩산중이고 산 넘어 또 산이며 화불단행(禍不單行)이라더니 이를 두고 한 말인가 싶었다.

그런데 정작 저자는 대수롭지 않다는 듯이 자기 질고를 전한다. 이 글을 쓰는 입장에서 개인적으로 아내의 암 투병을 곁에서 지켜보고 있으므로, 암이란 질병이 사람을 얼마나 힘들게 하고, 지치게 하는지 익히 알기에 당사자의 그런 태도에 화가 치밀기도 했다. 그러나 어쩌랴, 기도하고 응원하는 길밖에 선택의 여지가 없었다.

황의찬 목사를 만난 지도 어언 50여 성상이 되었다. 고교 시절부터 천부적 이야기꾼(story teller)이었던 친구가 꾸준히 저술하는 일은 어쩌면 한국교회에 큰 축복이다.

그의 여섯 번째 책이 될 『이병철의 하나님』 원고를 전해 받았다. 그간의 저작에서 익히 드러난 것처럼 황의찬의 독특한 신학이 이 책에서도 면면히 이어지고 있어서 다행이다. 황의찬의 신학은 위에서 서술했듯이 그가 직면하는 고난의 현장에서 마주하는 하나님으로 드러난다. 그가 당하는 실존의 위기에서 그를 위로하는 하나님은 기독교 역사 2천 년간 축적된 전통이나 기존의 현학적이며 품격을 갖춘 신학과 잘 짜인 이론이 아니다. 범인으로서 상상하기 힘든 그만의 아픔의 자리에서 그가 만난 하나님, 그를 위로하고 쓰러질 때마다 붙잡아 일으키신 하나님이다.

개혁 신학의 첫머리 '오직 성경'에 매우 충실한 신학이 황의찬 신학의 특징이다. 그는 이론적 치밀함을 구비하면서도 '직설적으로 말씀하시는 하나님'을 드러낸다. '오직 은총'의 하나님이다. 기독교의 전통이나 각질화된 성례전이 황의찬의 상처를 어루만져 주지 못했음은 분명하다. 그는 너무나 화급했기에 한달음에 달려서 하나님 앞에서 왔다.

저자는 농아 남매를 키우면서, 하나를 먼저 보내면서, 딸의 이혼을 감당하면서, 아비와 떨어진 두 핏덩이를 보면서, 그리고 자신의 몸에 암세포를 품으면서 이 책을 내놓는다. '이병철의 하나님'은 기실 '황의찬의 하나님'이다. 황의찬의 『이병철의 하나님』으로 이병철은 또 한 번 세상의 부러움을 받는다. 아울러 저자의 상처(scar)는 별(star)이 되리라!